布哇
포와에서 태평양을 걷다
하와이무관 이야기

오순근

박영사

서문

늘 그렇다. 여행 후 다시 일상의 삶 속으로 복귀하면 마치 그 여행의 아름다운 추억은 꿈처럼 느껴진다. 지난 3년 하와이 생활은 이제 나에게는 꿈만 같았던 시간이다. 하지만 나는 안다. 그 꿈을 꾸기 전 나와 지금의 나는 다른 사람이라는 것을. 하와이는 나를 성장시키고 나의 정체성을 단단하게 만들어주었다.

무관의 삶은 겉으로만 보면 다람쥐 쳇바퀴 같은 생활이었다. 제주도보다도 작은 오아후섬에서 매일매일의 출근길은 지루할 정도로 같았고 한국에서 수시로 방문하는 출장단이 찾는 장소들도 별반 다르지 않았다. 계속되는 업무의 연장선에서 와이키키 해변의 아름다움도 어느 순간 그 빛을 잃어가고 있었다. 하지만 하와이 곳곳에 숨겨져 있던 전쟁사와 이민사, 특별한 인생의 기록들을 발견하면서 나의 일상은 새로움을 되찾게 되었다.

펀치볼 국립묘지 기념석 문구 하나에는 태평양 전쟁사가 담겨 있었다. 진주만과 히컴기지 건물 하나는 미군의 역사를 이야기하고 있었다. 즐겨가던 차이나타운 한국식당 벽면에 붙어 있던 동판 하나는 한인 이민사의 소중한 흔적이었다. 오아후 공동묘지 비석의 이름 하나는 해외 독립운동의 치열한 인생사를 품고 있었다. 이처럼 나는 하와이의 새로운 일상이 건네는 하나하나의 이야기들에 빠져들게 되었다. 어느덧 나는 일상에서 '태평양을 걷고' 있었다.

내가 책을 쓰게 된 동기는 순수하지 않다. 두어 번 또는 서너 번 정도 하와이를 방문한 경험으로 마치 하와이를 다 알고 다 가본 것처럼 얘기하는 사람들에게, "그럼 이런 이야기도 들어봤는가" 하는 반항심으로 글을 쓰기 시작했다. 숨겨져 있었던 이야기들을 찾아내면 마치 내가 처음 발견한 것처럼 뽐내는 마음도 있었다. 목적도 불순하다. 이 책의 글들이 언젠가 나를 다시 하와이로 불러주지 않을까 의도했다. 그러나 독자들이 이 책을 통해 눈에 보이는 관광지 하와이를 넘어 눈에 보이지 않는 그 무언가를 찾게 된다면, 나의 불순함도 그만큼 희석될 것이다.

나이 오십이 되면서 세운 목표가 있다. 나만의 이름으로 된 책을 갖는 것이다. 하지만 책을 쓰면서 깨닫게 되었다. 그 어떤 책도 저자 자신만의 소유가 아님을. 지난 3년 동안 하와이무관으로 임무를 수행하면서 주변의 큰 도움을 받았다. 나에게 새로운 하와이를 발견할 수 있도록 가르쳐 주고 나의 탐구생활에 동행해 준 많은 분들이 계셨다. 글을 쓰도록 격려해 주고 나의 이야기를 들어 준 벗들이 있었다. 글의 초안을 읽어 주면서 공감해 준 동료들이 있었다. 독서와 글쓰기 습관을 길러주신 부모님이 계셨다. 나를 믿어주고 사랑하는 가족이 늘 함께 있다. 이름을 밝히지 않아도 그들은 안다. 모두에게 참 고맙다. 무엇보다도 나에게 임무를 맡겨준 국가와 해군에 감사한다. 부족한 책을 받아준 박영사 관계자분들과 독자분들께도 미리 감사의 인사를 전한다. 이 모든 것이 하나님의 은혜다. 아버지가 살아계셨으면 나의 첫 독자가 되어주셨을 것이다. Mahalo!

2025년 4월
용산에서 오순근

목차

프롤로그_팔리 하이웨이 2756
주호놀룰루총영사관과 하와이무관부

'팔리 하이웨이'는 오아후섬 중심지 호놀룰루와 바람이 불어오는 반대편 윈워드(windward) 지역을 연결하는 산을 넘는 도로이다. '팔리(Pali)'는 하와이어로 '절벽'이라는 뜻이다. 하와이제도 화산섬 중 하나인 오아후섬에는 북서쪽 끝에서부터 남동쪽 방향으로 코올라우 산맥이 길게 뻗어 있다. 예로부터 높은 산맥으로 분리된 두 지역을 넘기는 쉽지 않았을 것이다. 현재에도 호놀룰루 와이키키와 윈워드 카네오헤, 카일루아 지역을 연결하는 도로는 팔리 하이웨이, 리케리케, H3 도로 세 개뿐이고 모두 아름다운 자연경관을 뽐내는 드라이브 코스이다.

오아후섬의 많은 지역과 장소가 자신만의 이야기를 품고 있지만 팔리 하이웨이도 특별한 모습을 지니고 있다. 우선 관광지인 팔리 전망대와 엠마여왕 여름별장이 있다. 주변에 있는 교회, 사원, 절들과 오아후, 누우아누 공동묘지가 보여주듯 신(神)과 사람(人), 삶(生)과 죽음(死)의 스토리가 함께 산재해 있다. 그리고 팔리 하이웨이를 따라 인근에 있는 외국 공관들이 있다. 이 글은 바로 내가 지난 3년간 근무했던 주호놀룰루총영사관과 무관부 이야기이다. 물론 (나를 포함하여) 일부 독자들의 관심분야는 인근 코올라우 양조장의 하와이 토종 위스키 '올드 팔리로드'와 1906년 개장한 역사 깊은 골프코스 '오하우 컨트리클럽'일 수도 있다.

관광이나 출퇴근 또는 그 어떤 이유로 팔리 하이웨이를 지나는 차들은 주호놀룰루 대한민국 총영사관과 높게 게양된 태극기를 놓칠 수 없다. 인근에는 일본, 대만, 필리핀 총영사관도 있다. 하와이에 사는

▌ 팔리 하이웨이에서 본 주호놀룰루 대한민국 총영사관(22.8.25.)

사람들에게 한국 총영사관에 근무한다고 하면 총영사관이 뭔지는 잘 몰라도 "아~ 팔리 하이웨이!"라고 반응이 나온다. 주호놀룰루총영사관은 지난 60년간 이곳 팔리 하이웨이에 자리를 지키고 있다. 100년이 훌쩍 넘은 오래된 저택 건물을 사용하고 있으며, 후정에는 마찬가지로 100세는 훨씬 넘으셨을 것으로 보이는 커다란 애플망고 나무 여러 그루가 있다.

주호놀룰루총영사관은 대한민국의 시작과 깊은 연관이 있다. (1903년 최초 한인 미주이민 역사는 별도의 글이 필요하다). 1949년 4월 2일 시작된 주호놀룰루총영사관은 1948년 대한민국 정부수립 이후 LA 총영사관, 워싱턴 D.C. 대사관, 뉴욕총영사관 다음 세워진 네 번째 대한민국 정부 재외공관이다. 대한민국과 미국의 공식 외교관계는 1949년 1월 1일부로 시작되었다. 그해 대한민국 정부의 첫 수교국은 미국을 포함하여 영국, 프랑스, 필리핀, 대만 5개 국가였다. 2024년 기준 우리나라는 전 세계 190여 개 국가와 수교하고 있으며 170여 개 재외공관(대사관, 총영사관, 대표부 등)을 운영한다. 미국 내에는 워싱턴 D.C. 대사관을 제외하고도 호놀룰루를 포함한 10여 개 도시에 총영사관이 있다. 주호놀룰루총영사관은 하와이 도서뿐만 아니라 아메리칸 사모아와 괌, 북마리아나제도를 담당한다.

주호놀룰루총영사관은 전 세계에서 유일하게 국방무관부가 파견된 우리나라 총영사관이다. 국방무관은 현역군인으로 재외공관에 파견되어 그 나라와 우리나라의 국방업무를 담당하는 주재관이다. 물론 어떤 교민분은 필자(무관)에게 총영사관에서 태권도를 가르치냐고 묻기도 했다. 2024년 기준 국방부는 전 세계 50여 개 국가에 70여 명의 무관을 파견하고 있다. 그중 하와이무관만이 유일하게 대사관이 아닌 총영사관에 파견된 무관이다. 그 이유는 주업무가 재외동포 영사업무인 일반 총영사관과 다르게 주호놀룰루총영사관은 미국 인도태평양사령부와 군사협력 관계를 유지하는 안보공관 임무를 수행하기 때문이다.

총영사관 1층 한편에 있는 하와이무관부는 1991년 4월 첫 무관 부임 이후 지난 30여 년간 현지에서 한국과 미국의 군사협력에 힘써왔다. 첫 무관은 육군장교였으나 그 이후부터는 해군장교들이 임무를 수행해 왔다. 순항훈련과 림팩훈련처럼 우리 해군함정들이 자주 방문하고 대부분 업무가 해군과 관련된 협력업무이기 때문이다. 2021년 7월에 부임한 나는 열한 번째 하와이무관이다. 지난 30년간 한국해군으로부터 5천여 마일 떨어진 이곳 무관부에서 때로는 외롭게, 때로는 바쁘고 힘들게, 때로는 재밌게 근무했을 열명의 선배 무관들을 떠올려 본다. 과연 나는 어떻게 근무했고 근무하고 있는가?

역대 총영사 중에는 군생활 후 부임한 예비역 장성분이 여러분 계셨다. 나의 사관생도 시절과 해군 초임장교 시절 멀리서만 뵈었던 몇 분 제독님 사진들도 총영사관에 걸려 있다. 군출신 총영사분들 중에서 한 분을 소개하고 싶다. 5대 총영사로 1961년부터 1969년까지 근무하신 김세원 총영사님이다. 그분을 소개하는 이유는, 아니 소개할 수 있는 이유는 그분이 회고록을 남겼기 때문이다. 제목은 『군인으로 외교관으로 체육인으로, 김세원 회상록』(2010, 기파랑)이다. 그동안 나에게 김세원 총영사는 총영사관 2층 계단 벽면에 걸려 있는 40여 개 흑백사진 인물 중 하나였을 뿐이다. 올 초 친하게 지내던 영사가 5년간 하와이 근무를 마치고 아프리카 케냐로 떠나면서 "무관님 한번 읽어보세요" 하고 건네준 책이다. 앞에서 살짝 거짓말을

했다. 많은 총영사 중에서 이분을 소개하는 이유는 당연히, 편파적으로 김
세원 총영사가 최초의 해군 출신 총영사이기 때문이다(내 글인데 내 맘이지
안 그래?).

❙ 총영사관 벽면에 걸려 있는 역대 총영사 사진(일부), 김세원 총영사(최우측 상단)

　나는 1960년대를 살아보지는 못했으나, 4·19와 5·16으로 시작된 1960
년대 사건들이 이후 대한민국을 어떤 길로 들어서게 했는지 알고 있다. 김
세원 총영사는 1946년 11월 해군소위로 임관, 6·25 전쟁에 참전했고 1961
년 해군준장으로 전역, 하와이총영사로 부임한다. 김세원 총영사는 재직
중에 현지에서 국가원수(박정희 대통령)를 세 번이나 모셨으며, 4·19 이후
이승만 대통령과 프란체스카 여사가 하와이로 이주한 기간에 현지 공관장
으로 근무했다. 1966년 동포들의 후원금 5만 달러와 국고보조금으로 총영
사관을 현 위치인 팔리 하이웨이로 이전한 것도 김세원 총영사 시절이었
다. 군인(해군장교, 6·25 참전)으로, 외교관(하와이총영사, 주크메르대사,
주스웨덴대사)으로, 그리고 체육인(대한 올림픽위원회 부위원장)으로 사신
그분의 삶이 그를 전혀 모르는 나에게도 무척 자랑스럽다. 그분의 여러 일
화 중 전후 가난했던 한국으로 보내는 미 태평양사령부 위문품 앞에서 매년
사진을 찍으며 서글펐다는 이야기에 격세지감을 느낀다. 지금 대한민국은
전 세계가 부러워하는 정치, 경제, 기술, 문화 선진국이며 인태 지역 군사강

국이다.

팔리 하이웨이는 하와이 자연과 역사, 한미관계, 그리고 많은 개인의 이야기를 품고 담고 있는 곳이다. 특별히 나에게는 해군장교로 외국에 근무하며 경험했던 3년간의 특별한 출근길이었다. 하와이무관의 역할에 고민하며 좌충우돌 시행착오 속 치열한 임무수행의 현장이었다. 1993년 해군사관학교에 입학하고 30년간 해군군복을 입은 근속 30주년 날도, 2001년 시작된 결혼 20주년을 맞은 날도 팔리 하이웨이에서였다. 만 50세가 되는 해 생애 처음 나만의 책을 쓰기로 마음먹은 곳도, 다시 하와이에 살고 싶다는 꿈을 갖게 된 곳도 이곳 팔리 하이웨이이다. 다시 이곳에 사는 그날이 온다면, 그때는 오아후 컨트리 클럽하우스에서 올드 팔리로드 위스키를 잔에 따라 놓고 50세 나의 이야기와 마주 앉으리라. Hopefully!

_____ 24.3.19.

Part

01

하와이무관
근무篇

우리 해군의 꿈, 대양해군이 피어나고 자라난 곳
대한민국 해군과 하와이

종종 하와이를 방문하시는 손명원 회장님께 직접 들은 이야기이다. 그는 우리 해군을 창설한 손원일 제독님의 큰 아드님이다. 1950년 6월 25일 당일(하와이는 6월 24일) 손원일 해군참모총장은 이곳 하와이에 계셨다. 미국 본토에서 미 해군 퇴역 전투함 세 척(PC-702, 703, 704)을 인수하여 한국으로 복귀하는 여정이었다. 손원일 제독은 그날 이곳 하와이에서 북한의 기습남침 소식을 들었다. 당장 항공편으로 복귀하겠다고 보고하자 이승만 대통령은 전쟁을 위해 군함이 1척이라도 더 필요하니 함께 돌아오라고 지시했다.

우리가 1949년 미국에서 최초로 구입한 전투함은 미 해군에서 퇴역한 화이트헤드 소위함(PC-823, Ensign Whitehead)이

▌1950년 3월 하와이에서 3인치 포를 탑재하고 있는 백두산함
출처: Naval History and Heritage Command

고 우리 해군은 백두산함(PC-701)으로 명명했다. 불과 3개월 전 백두산함노 하와이 진주만에 입항해 3인치 포와 레이다를 설치했다(이후 괌에서 탄약을 실었다). 백두산함이 진해에 도착한 것이 1950년 4월이었다. 금강산함, 삼각산함, 지리산함은 손원일 제독과 함께 그해 7월에 진해에 도착한다. 태평양함대사령부와 진주만 해군기지가 있는 이곳 하와이는 초대 해군참모총장 손원일 제독과 대한민국 해군의 시작을 함께 한 곳이다.

하와이 진주만을 거쳐 간 우리 해군 첫 전투함들은 대한해협 해전과 이후 인천상륙작전, 동해경비작전 등에 참가하며 6·25 전쟁 해상작전에 크게 기여했다. 안타깝게도 지리산함(PC-704)은 1950년 12월 원산 인근 소해작전 중에 적 기뢰에 접촉하여 침몰했다. 그 이후 해군함정에 숫자 4를 쓰지 않는 전통이 생겨났다. 한국 해군함정뿐만 아니라 미주리함을 비롯하여 6·25 전쟁에 참전했던 미 해군 함정들도 하와이를 후방기지 삼아 임무를 수행했다.

태평양 중앙에 있는 하와이는 대한민국 해군의 대양항해 훈련이자 사관생도 교육과정인 순항훈련의 단골 기항지이다. 우리 해군은 해사 9기생이 4학년이었던 1954년부터 해외 순항훈련을 시작했다. 지금 생각하면 전쟁 이듬해였고 대양(blue ocean)을 항해할 만한 능력이나 준비도 부족했을 전후 한국 해군이, 사관생도 교육훈련 명목으로 어떻게 대양 항해훈련을 기획하고 집행했을까 하는 생각이 든다. 아마도 손원일 제독을 비롯한 우리 해군을 만드신 초창기 선배님들이 심고자 했던 먼 미래 '대양해군' 구상의 첫 씨앗이었을 것이다. 1949년부터 시작된 미 해군 퇴역함정 인수를 위해 태평양을 항해하고 여러 차례 하와이를 다녀간 경험이 분명 큰 동기가 되었을 것이다. 1954년에 시작된 우리 해군의 순항훈련은 지난 70년 동안 단 한 차례도 거른 적이 없었다. 코로나19 기간에도 실시했다. 2023년까지 70번의 해사 순항훈련 중에 하와이에 42번 기항했다. 2023년 9월 70번째(해사 78기) 순항훈련전단이 하와이 진주만에 입항했다. 그해 순항훈련은 141일 동안 13개국 14개항, 지구 한 바퀴 반 거리인 3만 마일을 항해했다. 개인적으로는 무관 근무기간 동안 한 해도 거르지 않고 3년 연속으로 순항훈련을 유치한 것을 자랑스럽게 생각한다.

　사관생도 시절 나의 꿈과 목표는 4학년 순항훈련에서 비롯되었다. 순항훈련 당시 1급함 대령 함장님들이 대양을 항해하며 함정을 지휘하는 모습을 보면서, 꼭 1급함 함장이 되고 싶다는 목표가 생겼다. 해외 주요기항지를 방문하면서 막연하게나마 외국에서 군인이자 외교관으로 근무하는 무관의 꿈을 갖게 되었다. 소위 때 그리고 중령 때 실무자로 해군 순항훈련을 참가하고 기획하면서, 해군만이 수행할 수 있는 군사외교의 보람과 가치를 배우게 되었다. 해사생도 모든 기수가 순항훈련으로 하와이를 방문하지는 못하나, 절반 넘게는 진주만에 다녀가고 세계 최고의 함대인 미 해군 태평양함대를 경험하게 된다. 그 젊은 생도 때 경험은 이후 장교생활을 통해 어떤 형태로든 대양해군에 대한 꿈과 목표로 현실화된다. 이런 마음과 생각들이 모이고 모여 현재 우리 해군을 만들어낸 것이다. 이처럼 선배들의 비전이 후배들의 삶이 되었다.

▌ 진주만에 방문한 해사 76기 생도들과 태평양함대사령관 파파로 제독(21.12.1.)

　순항훈련보다 더 직접적으로 하와이가 우리 해군의 대양해군 건설에 기여한 부분은 바로 림팩훈련(RIMPAC, Rim of the Pacific)이다. 2022년 하와이 림팩훈련에 참가한 대한민국 해군은 림팩 참가국 중에서 규모와 전투력 모든 면에서 주최국 미국 다음이었다. 30여 개국 함정 40여 척과 참가인원 28,000여 명 중에, 두 번째로 큰 규모인 함정 4척(마라도함, 세종대왕함, 문무대왕함, 신돌석함)과 인원 1,200여 명이 참가했다. 미 해군중장 3함대사령관이 지휘하는 림팩훈련에 우리 해군소장이 한국해군 지휘관으로 참가하여, 연합해군 원정강습단장 임무를 수행했다. 2022년 림팩훈련에 잠수함이 참가한 해군은 미국과 호주, 우리나라 단 3개국뿐이었다.

1971년 하와이 진주만에서 처음 시작된 림팩훈련은 전 세계에서 가장 규모가 큰 격년제 다국적 해양훈련이다. 훈련준비 과정만 2년에 걸쳐서 진행된다. 전 세계 해양강국들이 자국의 최신함정들을 파견하여 해군력을 뽐내는 자리이다. 우리 해군은 1990년에 국산 호위함 두 척을 처음 파견했다. 그 당시 우리 해군의 별명은 "귀염둥이 해군(cutie Navy)"이었다고 한다. 1992년 호위함 통신관으로 처음 림팩훈련에 참가한 '소위'가 30년 후 2022년 '소장'이 되어 참가국 중 두 번째 해군전력을 이끌고 림팩훈련 원정강습단장 임무를 수행한다. 그 감회는 어떠했을까?

2022년 여름 림팩훈련차 진주만에 정박한 마라도함 함상리셉션(22.7.7.)

1990년 이후 우리 해군은 당시 최신 함정을 파견하여 2년에 한번씩 태평양 건너 이곳 하와이 진주만에 입항했다. 지난 30년 동안 하와이 림팩훈련은 우리 해군을 대양해군으로 거듭나게 한 일등공신이다. 림팩에 참가하면서, 연안해군이었던 우리는 세계를 항해하는 해양강국 해군들 틈에서 배우고 자라고 이제는 그들을 넘어서는 세계일류 해군이 되었다. 2022년 림팩훈련에 참가한 여러 나라 해군(필리핀, 뉴질랜드)들이 우리 조선소에서 건조하고 수출한 군함들을 몰고, 심지어 우리가 양도한 국산 퇴역함정(페루)을 타고, 하와이에 왔다.

순항훈련과 림팩훈련을 통해 우리 해군만 대양해군으로 성장한 것이 아니다. 하와이 우리 동포들도 우리 해군의 성장을 마주하며 힘든 이민생활 속에서 한국인의 자부심을 키워갈 수 있었다. 1950년 1월 24일 한인 이민 1세대와 그들의 자녀, 손자들은 진주만에 입항하는 손원일 제독과 백두산함을 부두에서 맞이했을 것이다. 70년이 지난 2022년 6월에는 우리 해군이 보유한 가장 큰 최신함정 마라도함(LPH-6112)이 진주만에 입항했다. 우리 마라도함은 미 해군 항공모함 에이브러햄 링컨함 옆에 나란히 계류했다. 이처럼 120년 이민종가를 자랑하는 하와이 교민들에게 대한민국 해군 군함의 진주만 입항은 우리의 국력 성장을 보여주는 자부심이 되었다.

하와이무관부는 1991년에 최초 설치되었다. 우리 해군이 최초로 하와이 림팩훈련에 참가했던 다음 해였다. 2021년부터 3년간 근무하고 있는 나는 11대 하와이무관이다. 하와이는 우리 해군의 꿈, 대양해군이 피어나고 자라난 곳이다. 많은 선후배 해군장교들이 태평양을 항해하여 하와이를 다녀가고 멀게만 느껴졌던 대양해군의 꿈을 꾸고 나누고 이루어낸 곳이다. 현지 무관으로 올해 두 번째 맞게 되는 2024 림팩훈련이 기대된다. 그리고 나는 못 만나겠지만 올해 순항훈련전단의 하와이 유치 4연패를 위해 더욱 힘써야겠다. 우리 무관부 직원들 몰래.(2024년 9월 동기생 김동래 준장이 지휘하는 해사 79기 순항훈련전단이 마흔세 번째로 진주만에 입항했다)

_____ *24.3.30.*

▌한산도함 비행갑판에서 무관부 직원들과 함께(23.9.14.)

태평양 전쟁의 종식을 알린 미 해군의 마지막 전함

미주리함(BB-63) 이야기 하나

장소는 일본 동경만 미 해군 미주리 함상, 시간은 1945년 9월 2일 9시 2분이다. 미 태평양함대사령관 체스터 니미츠 제독은 2차 세계대전 태평양 전쟁 항복문서 체결현장에 있다. 그의 앞에는 연합국 전체

▌미주리함 격벽에 붙어있는 일본항복문서 체결현장 사진(23.12.23.)

를 대표한 더글러스 맥아더 연합군사령관이 종전(終戰)을 알리는 짧은 스피치를 하고 있다. 일본 대표 외무대신 시게미츠 마모루와 육군참모총장 우메즈 요시지로 장군이 맞은편에 서 있다. 맥아더 장군의 스피치가 끝나자 일본대표, 맥아더, 그리고 니미츠 포함 8명의 연합군 대표들이 순서대로 항복문서에 서명한다. 그 종전식 자리에서 니미츠 제독은 부인 캐서린 여사에게 현장의 감정을 적은 메모를 썼다고 한다. 그는 태평양전역에서 3년 넘게 치열한 전쟁을 지휘했다. 미국과 일본의 수많은 군함이 침몰했고 수

십만 명이 전사했다. 그 역사의 현장에서 부인에게 어떤 글을 남겼을까. 80년 전 그 미주리함이 지금은 함상박물관이 되어 진주만 포드 아일랜드에 정박해 있다.

함장 보직을 최근에 마친 나에게, 2차 세계대전 당시 최고의 전함 미주리함의 제원과 그 안의 숨은 역사를 배우는 과정은 즐겁기만 하다. 방문할때마다 미주리함 한국어 가이드 윤선생님으로부터 새로운 에피소드를 듣는 것은 무관생활의 별미 같은 일이다.

(해군이라 함정 제원 설명 없이는 넘어갈 수 없으니 이해해 주시길). 마이티 모(Mighty Mo)라는 별칭을 가지고 있는 미주리함(BB-63)은 미국이 1940년대 건조한 아이오와급

▎포드 아일랜드에 정박해 있는 미주리함(22.7.22.)

전함 4척(아이오와, 뉴저지, 미주리, 위스콘신) 중 하나이다. 미 해군 전함 역사상 가장 크고 무겁고 빠르고 전투력이 강한, 대구경포를 장착한, 한마디로 당시 최신예 전투함이었다. 1, 2차 세계대전이 있었던 20세기 전반부는 전함의 시대였다. 잘 알려진 영국해군 드레드노트급 전함(길이 160m, 톤수 약 2만 톤, 12인치 포, 최대속력 21노트)이 그 시작이었다.

미 해군이 건조한 첫 번째 전함은 1895년에 취역한 인디애나함(BB-1)이다. 인디애나함은 길이 100m에 톤수 약 1만 톤으로 13인치 포를 장착하고 최고속력이 15노트였다. 그로부터 약 반세기 후 2차 세계대전 기간 건조된 미주리함은 미 해군이 건조한 마지막 전함이다. 함정번호는 위스콘신(BB-64)이 마지막이었으나 실제로는 미주리가 위스콘신보다 나중에 취역하였다. 1944년 취역한 미주리함(BB-63)은 길이 270m, 폭 33m(당시 파나

마운하 통과 가능 최대폭), 만재톤수 약 58,000톤, 최대속력 33노트, 그리고 16인치 포 9문을 가지고 있었다.

지금도 미주리함 옆에 가면 그 거대한 사이즈에 놀라게 된다. 현재 우리 해군의 가장 큰 군함인 독도함 과 마라도함은 길이 약 200m에 만 재톤수 약 20,000톤이니, 길이와 무 게만 비교하더라도 미주리함 사이 즈는 독도함 두 배라고 할 수 있다. 남산타워 높이가 약 240m이니 미 주리함 길이는 남산타워를 눕혀 놓 은 것보다도 길다. 내친김에 16인치 (약 400mm) 포에 대해서도 언급하 지 않을 수 없다. 어른 키만 한 포탄 을 40km 이상 날려 보내는 16인치

▌ 미주리함 함미 16인치 함포(24.6.28.)

함포는 유도탄이 없었던 그 당시만 해도 바다 위 가장 파괴적인 무기였다. 해군 역사상 가장 큰 함포는 일본 제국해군 야마토함과 무사시함에 장착되 었던 18인치(약 460mm) 함포였다. 계속하고 싶은 마음은 굴뚝이나 제원 소개는 그만해야겠다. 미주리함에는 더 재미있는 이야기가 많다.

서두에서 소개한 대로 가장 유명한 미주리함 에피소드는 2차 세계대전 항복문서 체결현장과 관련된 이야기들이다. 1945년 9월 2일 아침 동경 만 에는 연합군 함정들 약 200여 척이 정박 중이었다. 그중에는 아이오와함을 비롯한 다른 전함들도 여러 척이 있었으나, 항복문서 체결 장소로 미주리함 이 선택된 것은 이유가 있다. 그해 4월 루즈벨트 대통령 사후 미국의 대통 령이 된 트루먼은 미주리주 상원의원 출신이다. 1941년 미주리 함명이 명 명된 진수식 주빈도 트루먼의 딸 메리 마거릿 트루먼이었다. (지금은 상상 할 수 없는 일이나) 트루먼 대통령은 1947년 여름 약 한 달 동안 부인 베스 여사와 딸 마거릿과 함께 미주리함을 타고 남미 브라질 리우데자네이루에

외교일정을 다녀왔다고 한다. 트루먼기의 미주리힘에 대한 애정을 엿볼 수 있다. 1941년 12월 7일 일본의 진주만 기습공습으로 시작된 태평양 전쟁은 약 4년 뒤 동경만 미주리 함상에서 23분 만에 종결되었다. 태평양 전쟁 기간 미군 약 20만 명과 일본군 약 230만 명이 전사했다고 한다. 전쟁은 왜 일어나는가. 전쟁이 일어나는 것을 어떻게 막을 수 있을까.

태평양 전쟁을 겪으며 전함의 시대는 저물고 항공모함의 시대가 도래했다. 전함이 보유했던 강력한 파괴력(대구경 함포)과 장갑력(선체 두께)은 대양에서의 함대결전(艦隊決戰)을 위해 설계된 것이었다. 함대결전은 양국의 함대가 모든 전력을 집결시켜 넓은 바다에서 진형을 형성하고 싸우는 한판승부이다. 하지만 함대결전은 2차 세계대전에 적합한 해군전술이 아니었다. 태평양 해전 내내 미국과 일본의 주력 전함들은 항공모함에서 발진한 함재기와 소형 잠수함, 어뢰정의 좋은 표적이었고 그들의 공격에 속수무책으로 당했다. 전함은 너무 크고 느리고 무거웠다. 전쟁을 겪으면서 미국과 일본의 전함 건조계획은 대부분 항공모함 건조계획으로 급변한다. 아이오와급도 원래 6척 중 4척만 건조되었고 일본의 야마토급도 8척을 계획했으나 2척 건조 이후에는 항공모함 건조로 선회했다. 이처럼 전함의 시대는 저물었으나, 미 해군 마지막 전함 미주리함의 임무는 2차 세계대전에서 끝나지 않는다.

1950년 6월 25일 극동아시아 한반도에서 전쟁이 일어난다. 미주리 함상에서 2차 세계대전이 종전된 지 5년도 지나지 않은 시점이었다. 6·25 전쟁으로 인해 퇴역했던 미 해군 전함들이 다시 소환된다. 물론 6·25 전쟁은 지상전 중심이었다. 하지만 아이오와급 전함들이 보유한 16인치 포는 함포지원을 통해 유엔군 지상작전에 크게 기여한다.

1950년 여름 미주리함은 미 해군의 유일한 현역 전함이었다. 나머지 전함들은 종전 이후 모두 퇴역한 상태였다. 전쟁 발발 당시 미주리함은 해사 생도들을 태우고 대서양에서 원양실습항해 중이었다. 참전을 명령받은 미주리함은 생도들을 버지니아 노폭에 내려놓고 출항하여 중간기항지 하와이에서 무장을 정비하고 군수보급 후 한반도로 향했다. 미주리함은 6·25

전쟁에 가장 먼저 참전한 미 해군 전함이다. 미주리의 첫 작전은 1950년 9월 15일(인천상륙작전 당일) 동해 삼척지역 상륙 양동작전이었다. 이후 서해로 이동하여 9월 19일부터는 인천상륙작전 후속상륙 함포지원 임무를 수행했다. 미주리함은 1950년 9월부터 1951년 3월까지, 1952년 9월부터 1953년 3월까지 6개월씩 두 번 참전했다. 전쟁 중 미 해군은 이미 퇴역한 아이오와급 나머지 3척을 재취역시켜 교대로 한국에 파견하였다.

6·25 전쟁에서 미주리함의 임무는 동서해 연안 적지역에서 지상군 지원을 위한 함포사격이었다. 미주리함이 작전한 지역은 원산, 단천, 고성, 강릉, 삼척, 청진, 성진, 차호, 함흥, 흥남 등이었다. 기록에 의하면 미주리함은 1950년 처

▍1950년 10월 북한 청진 근해, 미주리함 16인치 함포사격
출처: Naval History and Heritage Command

음 참전 시 16인치 포 2,900여 발과 5인치 포 8,000여 발을, 1952년 두 번째 참

전 시 16인치 포 3,800여 발과 5인치 포 4,400여 발을 소모했다고 한다. 어떤 날은 온종일 적 해안포기지를 표적으로 5인치 포 1,000여 발을 쏟아붓기도 했다. 미주리함은 해상작전을 지휘했던 7함대사령관 클라크 제독의 기함(旗艦)이기도 했다. 이처럼 미주리함은 6·25 전쟁

▍1951년 2월 3일 미주리함을 방문한 이승만 대통령과 프란체스카 여사
출처: Naval History and Heritage Command

해상작전의 주역이었다. 전시대통령 이승만은 1951년 2월 3일과 1952년 9월 20일 두 번에 걸쳐 미주리함에 승함하여 승조원들을 격려했다.

미주리 함내에 들어가면 한국전쟁 참전관이 별도로 마련되어 있다. 미주리함의 6·25 전쟁 참전기간 주요 공적과 사진들이 전시되어 있다. 나에게는 특별한 공간이다. 그곳에서 나는 한국인으로, 해군장교로, 하와이무관으로 여러 상념에 빠져든다. 우리의 독립과 해방은 2차 세계대전 연합군의 승리에서 비롯되었다. 내가 소위 때부터 수도 없이 항해했던 우리나라 동서남해 그 바다에, 70여 년 전 미주리함도 있었다. 전쟁을 치르던 이승만 대통령이 미주리 함상에 올랐을 때 심정은 어떠했을까. 두 번째 참전 임무를 마치고 복귀 중 하와이에 정박한

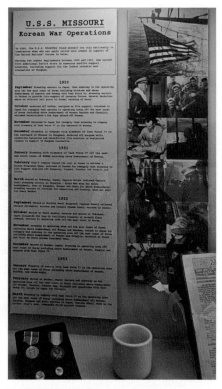

▍미주리함 한국전 참전관 내 전시물(23.8.2.)

미주리함 승조원들은 어떤 마음이었을까. 생각이 꼬리에 꼬리를 문다.

1953년 7월 27일 정전협정으로 한국전쟁에 참전한 미 해군 전함들의 임무도 종료되었다. 미주리함은 2년 뒤 1955년 퇴역하고 워싱턴주 브레머턴항에 위치한 예비군함대 소속이 된다. 1944년 취역한 지 10년여 만에 퇴역하게 되었으나 20세기 현대사의 중요한 국면에 동참했다. 그리고 퇴역 당시에는 생각지도 못했겠지만, 다시 30년이 흐른 후 1980년대 중반 미주리함은 현역으로 되살아나게 된다. 두 번째 이야기는 재취역한 마지막 전함 미주리함 이야기이다.

_____ 24.4.3.

라스트 배틀쉽 미주리 다시 취역하다
미주리함(BB-63) 이야기 둘

　　2012년 개봉 영화 '배틀쉽(Battleship)'의 마지막 장면이다. 현재 상황은 지구를 침공한 외계인들이 하와이 오아후섬 주변에 전자기 차폐막을 치고 지구 점령을 위한 시설물을 구축하고 있다. 미 항모를 비롯한 모든 해군전력은 차폐막 안으로 들어올 수 없다. 차폐막 내부 유일한 군함은 진주만 포드 아일랜드에 함상박물관으로 정박해 있는 미주리함이다. 이때 미 해군 노병들이 10년 넘게 정박해 있던 그들의 전함 미주리함을 출항시킨다. 이어서 미주리함과 첨단 외계함선 간 해전이 벌어진다. 미주리함은 근접전에서 함수, 함미에 장착된 거대한 16인치 포탄을 외계함선에 쏟아붓는다. 마지막 남은 16인치 포탄 1발로는 오아후섬의 외계인 시설을 명중시키고 지구를 구한다. 리암 니슨이 태평양함대사령관 역을 맡은 영화 '배틀쉽'은 2001년 벤 에플렉 주연 '진주만(Pearl Harbor)'과 함께, 하와이 근무 해군들이 반드시 봐야 하는 주옥같은 영화이다.

　　퇴역한 노병들이 함상박물관 미주리함을 출항시키는 영화 배틀쉽의 설정은 근거가 전혀 없는 것은 아니다. 1950년대 중반 모두 퇴역한 아이오와급 전함 4척은 미소 냉전이 한창이던 1980년대 초 레이건 대통령의 지시로, 해군역사상 전례없이, 퇴역 30년만에 재취역한다. 물론 현대식 무장인 토마호크 함대지미사일(32기), 하푼 함대함미사일(16기), 팔랑스 근접방어체계, 그리고 40년 전에는 없었던 함내 에어콘시스템 등 대대적인 개조를 거친다. 아이오와급 전함 현대화와 재취역은 실제 비용 대 효과 측면보다는 전함으로 대변하는 미국의 강력한 군사력을 과시하기 위해서가 아니었을까. 어쨌든 1955년 예비함대로 편입되었던 미주리함은 30년 후 1986년 5월 10일 현재의 바다로 화려하게 복귀한다.

　1989년 동독에서 베를린 장벽이 무너지고 이듬해 소련 연방의 붕괴로 종전 이후 국제질서였던 냉전은 끝나고 만다. 아이오와급 전함들이 부활하여 재취역한 지 4년만이었다. 그러나 미주리함의 임무는 아직 끝나지 않았다. 미주리함은 1988년과 1990년 세계 최대 해군 연합훈련인 하와이 림팩 훈련에 참가한다. 당시 훈련 참가 최고령 함정이었을 것이다. 우리 해군도 1990년에 처음 림팩훈련에 참가했으니 아마 당시 하와이를 방문한 선배 장교들은 항해하는 미주리함을 눈으로 직접 볼 수 있었을 것이다.

1990년 8월 중동에서 이라크가 쿠웨이트를 무력 침공한다. 1991년 1월 17일에 시작된 걸프전 '사막의 폭풍(Desert Storm)' 작전 첫날, 미주리함은 미군 함정 중 가장 먼저 바그다드를 향해 함대지 순항미사일 토

┃ 이라크 공습 첫날(91.1.17.) 미주리함에서 발사된 토마호크 미사일
출처: Naval History and Heritage Command

마호크를 발사한다. 2월 28일 연합군의 승리로 전쟁이 끝날 때까지 미주리함은 토마호크 미사일 28발과 16인치 함포 759발을 발사했다. 아마도 걸프전은 바다 위에서 16인치 함포탄이 발사된 역사상 마지막 전쟁이었을 것이다. 1992년 3월 31일 미주리함은 워싱턴주 브레머턴항에서 두 번째로 (이번에는 완전히) 퇴역한다. 이후 1998년 태평양을 건너 진주만에 도착한 미주리함은 포드 아일랜드 애리조나함 기념관 옆에 자리를 잡는다. 미국 현대

사의 중요한 자리마다 임무를 수행했던 전함 미주리함의 마지막 항해였다.

미주리함은 뉴욕 브룩클린에서 건조되었고 워싱턴주 브레머턴에서 퇴역했다. 그런 미주리함이 하와이 진주만에 오게 된 가장 큰 이유는 2차 세계대전 항복문서 체결현장 때문일 것이다. 현재 포드 아일랜드에는 미주리함 박물관과 애리조나함 기념관이 서로 나란히 있다. 애리조나함은 1941년 12월 7일 진주만 공습 중 그 자리에서 바로 침몰했다(애리조나함편 참고). 태평양 전쟁의 시작을 의미하는 애리조나함과 종전을 의미하는

▎ 미주리 전함과 애리조나함 기념관(21.9.21.)

미주리함은 참혹했던 2차 세계대전의 시작과 끝을 상징한다. 다른 한편으로는 미주리함을 애리조나함 옆에 정박시켜 아직도 애리조나함과 함께 바닷속에 잠들어 있는 승조원들을 수호한다는 의미도 있다.

아이러니하게도 미주리함에 가면 일본 관광객들이 많다. 일본과 미주리함은 2차 세계대전부터 현재까지 깊게 연결되어 있는 듯하다. 미주리함의 빼놓을 수 없는 에피소드는 일본의 자살공격대 가미카제(カミカゼ, 神風) 조종사의 함상 장례식 이야기이다. 패망이 짙어가던 일본군은 무기를 소진한 항공기가 최후에는 함정을 향해 돌진하는 가미카제 전법을 쓰게 된다. 1945년 4월 11일 오키나와 인근 해역에서 작전 중인 미주리함에 여러 차례의 가미카제 공격이 있었고 그중 한 대가 우현 함미 갑판에 충돌한다. 다행히 비행기는 바다로 추락하고 큰 피해는 없었으나, 충격으로 인해 일본 조종사가 조종석에서 튕겨 나와 갑판 위에 숨진 채 발견되었다. 이를 보고 받은 미주리함 초대 함장 칼라한(William M. Callaghan) 대령은 정식 함

상 장례식(수장)을 준비하라고 지시했다. 전날 밤 장례예식 준비를 위해 일장기를 만들며 불만을 토로하던 대원들에게 캘러헌 함장은 다음과 같이 말했다고 한다. "그는 우리가 조국을 위해 하는 것과 똑같이 그의 조국을 위해 죽은 거야(This man died for his country in what we are doing for our country)."

미주리함은 1999년부터 현재까지 진주만에서 태평양 지역의 미 해군 전쟁사를 알리는 함상박물관 임무를 수행하고 있다. 지난 25년 동안 전 세계에서 천만 명이 넘게 방문했다고 한다.

▌미주리 박물관에 전시된 토비의 당시 사진

나에게는 그곳에서 만난 특별한 인연이 있다. 바로 토비(Toby Lancaon) 할아버지이다. 토비 할아버지는 1953년부터 1955년까지 미주리함 사관당번으로 근무한 자랑스러운 마이티 모 승조원이다. 미주리함과 함께 6·25 전쟁에 참전한 한국전 참전용사이기도 하다. 그는 당시 3년간 근무하면서 세 명의 함장을 모셨다고 한다.

토비 할아버지에 의하면 미주리함 사관실을 방문했던 유명인사 중에서는 그가 좋아했던 메릴린 먼로도 있었다고 한다. 그 유명한 태평양함대사령관 체스터 니미츠 제독도 미주리함 퇴역 직전에 배를 방문했다고 한다.

▌ 영화 '배틀쉽'에 깜짝 출연한 토비 할아버지

　토비 할아버지는 영화 '배틀쉽'에서 림팩훈련 개회식에 참가하는 참전 용사 단역에 출연하기도 했다. 어느 날 우연히 '배틀쉽'을 다시 보다가 왠지 익숙한 얼굴을 보고 얼마나 놀랐는지! 토비 할아버지는 코로나19 직전까지도 본인이 근무했던 미주리함 가이드로 일했다. 그의 아들 동화작가 제프 랑카온은 2007년 『나의 할아버지 미주리 전함 견학(My Grandpa's Battleship Missouri Tour)』이라는 제목의 그림 동화책을 출간했다. 저자의 아버지 토비가 손녀인 자신의 딸과 반 친구들에게 미주리함을 안내하면서 자신과 미주리함의 이야기를 소개하는 동화책이다. 그 이야기 속 주인공 손녀는 지금 하와이에 있는 한 초등학교의 5학년 선생님이다. 이제는 그녀의 딸(증손녀)이 토비 할아버지 손을 잡고 미주리함 방문을 고대하고 있다는 기사를 읽었다.

▌ 토비의 아들 제프의 그림 동화책

　미주리함은 두 번이나 취역하고 두 번이나 퇴역했으나, 미주리함 이야기는 우리 세대와 후손 그리고 그 이후에도 마찬가지로 살아있을 것이다. 이곳 진주만에서 역사를 기억하고자 하는 모든 이들에게 자신이 이야기를 계속해서 들려줄 것이다. 참으로 감사하다.

_____ *24.4.9.*

▍ 미주리 함상에서 토비 할아버지와 함께(23.9.3.)

진주만 공습의 비운의 주인공
애리조나함(BB-39) 기념관

이 글을 쓰고 있는 오늘로부터 바로 열흘 전 뉴스이다. 1941년 12월 7일 진주만 공습일 가장 많은 사상자를 냈던 애리조나함의 마지막 생존자 루콘터씨(Lou Conter, 1921년생)가 2024년 4월 1일 102세의 나이로 돌아가셨다. 진주만 공습 당일 포드 아일랜드에 정박해 있었던 애리조나함(BB-39)에는 총 1,512명이 승함 중이었다. 그중 1,177명이 전사했고 생존자는 355명이었다. 이제는 공습 당일 생존자 모두가 전사한 동료들 곁으로 간 셈이다. 한 집계에 의하면 2024년 기준 진주만 공습 당일 현역이었던 군인 중 생존해 있는 사람은 19명이라고 한다. 당일 오아후섬에는 약 87,000여 명의 현역 군인들이 근무하고 있었다.

진주만에서 포드 아일랜드로 건너는 다리 왼편을 바라보면, 바다 위에 직사각형 모양의 흰색 건축물이 보인다. 바로 진주만의 상징인 애리조나함 기념관이다. 진주만 공습의 비운의 역사현장 애리조나함이 침몰한 자리 위에 만든 기념관이다. 진주만 공습일 오아후섬 전체 사망자 약 2,400명 중 거의 절반이 애리조나함 승조원이었다.

제원을 간단하게 살펴보자. 애리조나함은 1916년 취역한 펜실베이니아급 전함 2번함으로 길이 185m 만재톤수 약 30,000톤, 14인치 함포를 장착했다. 건조 당시 가장 큰 미 해군 전함이었다. 승조원은 약 1,000명이었다. 미국의 48번째 주인 애리조나 주의 함명을 받았다. 1차 세계대전에 직접 참전하지는 못했지만, 1918년 12월 1차 세계대전 종전 회외인 파리 평화회의에 참석하는 우드로 윌슨 대통령 호위전력 중 하나였다고 한다. 애리조나함은 1940년 4월 미 태평양함대사령부가 샌디에이고에서 하와이로 모항을 옮기면서 진주만에 배치된다.

다음은 일본의 진주만 공습에 대한 간략한 개요이다. 일본 제국함대는 이소로쿠 야마모토 사령관 지휘 아래 12월 7일 새벽 오아후섬 북방 200마일 지점에 위치한다. 일요일 아침 8시와 9시경 일본 항공모함 6척에서 출발한 총 353대의 항공기가 두 차례에 걸쳐 진주만을 포함한 오아후섬 곳곳을 기습 공격한다. 당시 포드 아일랜드 주변 전함 계류 부위에 정박 중이던 미 해군 전함 8척 모두 피해를 당하였다. 그중 애리조나와 오클라호마를 제외한 전함 6척은 이후 수리하여 전선에 다시 투입되었다. 전함 외에도 순양함과 구축함 등 전체 19척이 손상을 입었다. 불행 중 다행히도 그날 진주만에 정박 중인 미 항공모함(3척)은 없었다. 포드 아일랜드와 히컴기지 지상 활주로에 대기하고 있던 항공기 300대가 파괴되었다. 일본 항공기는 단 29대만 격추되었다. 루즈벨트 대통령은

▌ 애리조나함 계류 부위(21.8.29.)

다음날 상하원 합동연설에서 "(오늘은) 치욕의 날로 기억될 것이다(a date which will live in infamy)."라고 언급했다.

다시 애리조나함으로 돌아가 보자. 8시 10분경 일본 폭격기에서 투하된 800kg 폭탄 1개가 함수 쪽 주포 2번 포대 탄약고를 명중시켰다. 이로 인해 함수를 공중으로 띄울 정도의 엄청난 폭발이 발생했다. 당시 애리조나함에서 폭발한 화약의 규모는 약 100만 파운드(450,000kg)였다고 한다. 폭발

과 함께 애리조나함은 선체가 두 동강 나면서 가라앉기 시작한다. 침몰 중에도 수차례 일본 항공기로부터 폭탄 공격을 받는다. 수심 12m로 가라앉는 애리조나함 상부 구조물 화재는 이틀 넘게 계속되었다고 한다. 결국 일본의 진주만 공격으로 인해 침몰한 전투함은 애리조나함과 오클라호마함(429명 전사), 유타함(58명 전사) 3척이었다.

▌ 진주만 공습 당일 일본 항공기에서 찍은 포드 아일랜드
　출처: Naval History and Heritage Command

　그날 아침 애리조나함 승조원 1,177명이 전사한다. 그중 900여 명의 시신은 아직도 바닷속 애리조나함과 함께 있다. 당일 전사자 중에는 제1전함 전단장 키드(Isaac C. Kidd) 소장도 있었고 함장 발켄버그(Franklin Van Valkenburgh) 대령도 있었다. 당시 애리조나함 승조원 중에는 서른여덟 가족의 형제 관계 63명과 부자 관계도 하나 있었다. 형제 중에는 쌍둥이도 있었고 3형제도 세 가족이 있었다. 단 한 가족의 형제만 둘 다 생존했고 나머지 형제들은 적어도 1명 또는 모두가 전사했다. 유일했던 아버지와 아들 승조원은 함께 전사했다. 애리조나함 이후로 미 해군은 가족들이 같은 함정

에 근무하는 제도를 재검토하고 폐지했다고 한다.

2차 세계대전 종전 직후부터 해군은 애리조나함이 침몰한 그 자리에 기념관을 건립하려고 노력했으나, 1962년이 되어서야 기념관이 만들어지게 된다. 당시 50만 불의 기념관 건립비용 모금을 위해 많은 이들이 동참했다. 1961년에는 엘비스 프레슬리가 진주만에서 애리조나함 기념관 후원을 위한 단독 공연을 열었다고 한다. 당시 하와이 상원의원이었던 2차 세계대전 참전용사 다니엘 이노우에도 예산 확보를 위해 힘썼다. 기념관은 오스트리아 출신 건축가 프라이스(Alfred Preis)가 설계하고 건축했다. 그는 오스트리아 국적으로 인해 진주만 공습 후 하와이 강제수용소 생활을 경험했었다.

▌ 진주만에 가라앉은 애리조나함과 기념관
　출처: US National Park Service

항공사진을 보면 물 위 기념관과 물속 애리조나함이 수직으로 교차하여 함께 보인다. 애리조나 기념관은 길이 56m에 21개의 창이 있고 위에서 보면 중앙이 낮고 양쪽 끝으로 갈수록 높아진다. 21개의 창은 예포 21발을 상징하고 중앙의 낮은 천장은 미국 역사의 가장 낮은 지점이었던 진주만 공습 시기를 의미한다. 입구와 중앙, 안쪽 세 공간으로 구분되어 있고 중앙에는 마치 조그만 연못처럼 침몰한 애리조나함을 볼 수 있는 공간이 있다. 그곳에서 방문객들은 전사자들을 기념하기 위한 꽃잎을 바다에 뿌린다. 안쪽 공간 벽면 대리석에는 전사자 1,177명의 계급과 이름이 알파벳 순서대로 새겨져 있다. 프리맨(Freeman)이라는 성을 가진 부자의 이름도 나란히 적혀 있다. 배를 타고 들어가는 애리조나함 기념관에는 연간 180만 명이 방문한다.

▌ 1,177명의 전사자 이름이 새겨져 있는 기념관 벽면(21.8.29.)

기념관에 방문하면 침몰해 있는 애리조나함 내부에서 아직도 기름방울이 올라오는 것을 볼 수 있다. 하루에 약 2.18리터가 올라오며 앞으로도 수십 년 동안은 더 나올 것이라고 한다. (환경 오염에는 큰 문제가 안 된다고 한다) 많은 이들이 이를 '애리조나의 눈물' 또는 '검은 눈물'이라고 부른다. 침몰한 애리조나함은 전쟁묘지로 지정되어 있다. 생존자 중 일부는 사후에 자신의 유골함을 바닷속 애리조나함에 넣어 전사한 전우들과 함께하기도 한다. 잠수부들이 유골함을 들고 애리조나함으로 들어갈 때마다 울음소리가 들린다는 이야기도 있다.

미주리함과 더불어 애리조나함 기념관도 태평양 전쟁 적대국이던 미국과 일본이 종전 이후 현재까지 동맹국 관계를 이어가는 연결고리가 된다. 2016년 12월 진주만 공습 75주년 당시 일본 아베 총리는 오바마 대통령과 함께 이곳을 찾아 헌화하고 참배했다. 태평양사령관 해리 해리스 제독이 수행했다. 현직 일본 총리로는 첫 공식 방문이었다. 2016년 5월 오바마 대통령의 히로시마 평화기념관 방문에 대한 답방이었다.

애리조나함 이야기를 마치고자 한다. 2023년 12월 7일 아침 8시, 필자는 진주만 공습 82주년 기념행사에 참가했다. 인태사령관 아퀼리노 대장과 태함사령관 파파로 대장의 모습도 보였다. 맨 앞줄에는 몇몇 안 되

▌ 진주만 기념일 연설 중인 해병대 하워 대위(23.12.7.)

는 진주만 공습 생존자 할아버지들이 앉았다. 하지만 그날 행사의 하이라이트는 31살 젊은 해병대위 전투기 조종사의 기조연설이었다. 그의 이름은 레이 하워(Ray Hower)였고 애리조나함 마지막 생존자 루 콘터의 조카손자였다. 레이의 아버지도 그의 할아버지도 미 해병대 조종사였다고 한다. 그의 삼촌 할아버지 루 콘터도 애리조나함 이후 해군 조종사로 근무했다. 2년 전 루가 100세 되는 해에 그는 조카손자 레이의 가슴에 자신이 2차 세계대전 당시 착용했던 조종사 날개(파일럿 윙)를 직접 달아주었다고 한다. 애리조나함 마지막 생존자는 세상을 떠났지만, 그의 조종사 윙은 레이 하워 대위의 조종복에 남아있다. 애리조나함 이야기는 애리조나함 기념관과 진주만을 찾는 모든 이들의 마음속에 남아 있다.

_____ *24.4.10.*

전쟁과 죽음 그리고 삶의 의미
펀치볼 국립묘지 이야기 하나

우리나라 강원도 양구에도 '펀치볼'이라는 곳이 있다고 들었다. 가보지는 못했다. 6·25 전쟁 중이던 1951년 여름 휴전협정이 시작될 무렵 38선을 중심으로 형성된 격전지로 알고 있다. 양구 펀치볼 이름의 배경은 화채 그릇 모양의 넓은 해안분지와 그 외곽을 둘러싸고 있는 약 1,000m 높이의 여러 고지들에서 비롯되었을 것이다. 펀치볼 전투, 도솔산 전투, 피의 능선 전투, 김일성 고지 전투, 단장의 능선 전투가 알려져 있다. 우리에게 익숙한 펀치볼이 이 곳 하와이에도 있다.

▌ 하늘에서 본 펀치볼 국립묘지 전경(23.4.26.)

하와이 펀치볼의 공식명칭은 '국립태평양기념묘지(National Memorial Cemetery of the Pacific)'이다. 하지만 여기서는 다 '펀치볼(Punchbowl)' 또는 '펀치볼 국립묘지'라고 부른다. 우리의 현충원 같은 곳이다. 크기는 양구 펀치볼(10×7km)의 10분의 1 정도밖에 안 되지만, 동그란 그릇 모양의 소분화구 안쪽에 조성한 묘지라서 그렇다. 나에게는 하와이를 방문하는 한국 공무출장단이 가장 많이 찾는 곳으로, 무관 직책상 공항 다음으로 자주 가는 곳이다.

자의가 아닌 타의로 자주 가야 하면 싫거나 지겨울 수도 있으나, 펀치볼은 나에게 그런 곳이 아니다. 방문할 때마다 마음이 차분해지고 주변과 나의 지나간 시간을 되돌아보게 된다. 또한, 그곳에 담겨 있는 새로운 이야기에 주목하게 된다. 펀치볼에 묻혀 있는 수많은 죽음의 이야기들이 나의 삶의 의미를 부여해 준다. 방문객들의 얼굴에는 세속의 치열함과 억척스러움보다는, 먼저 세상을 떠난 이들을 통해 간접적으로 경험하는 죽음의 겸손함이 흐른다. 70년 전 생전 듣지도 못한 '코리아'라는 당시 국제질서의 지리적 그리고 정치적 최변방에 있었던, 그곳의 알 수 없는 전쟁에 자신의 젊음을 던져야 했던 한국전 참전용사들이 잠들어 있는 곳이다. 당시 한국은 이들의 삶과는 아무런 상관도 없는 곳이었다.

펀치볼은 1949년 9월 2일에 개장했다. 당시 이곳에 국립기념묘지가 조성된 이유는 2차 세계대전 태평양 전구에서 전사한 미군들을 매장하기 위해서였다. 1941년 12월 일본의 진주만 공습으로 시작된 태평양 전쟁은 1945년 9월 동경만에 정박한 미주리 함상에서 일본이 항복문서를 체결하며 끝났다. 전쟁 기간 미국은 일본군이 주둔하던 태평양의 많은 도서(괌, 사이판, 솔로몬제도, 과달카날, 타라와, 오키나와, 이오지마 등)를 탈환하기 위해 큰 희생을 치렀다. 전사자들은 그 섬에 임시로 매장하고 전쟁을 진행했다. 전후 미군 전사자 유해수습 과정에서 태평양 중앙에 있는 하와이에 국립묘지를 만들게 된 것이다. 하와이 출신 전사자들과 본토로 가져가지 못한 많은 미군 전사자를 이곳에 매장했다. 펀치볼이 개장된 첫해 약 13,000여 구의 전사자 유해가 6개월 내내 매장되었다고 한다. 펀치볼은 미군이 일본군과 치열하게 싸웠던 2차 세계대전 태평양 전구의 유산이다.

현재 펀치볼에는 약 63,000개의 미군과 그 가족들의 묘가 있다. 펀치볼의 특징은 모든 비석이 바닥에 누워있다는 점이다. 차를 타고 오르막길을 꽤 올라와서 마침내 (한쪽이 열려 있는 분화구 형태의) 국립묘지 안으로 들어오면, 바닥의 비석들은 보이지 않고 마치 펀치볼 전체가 잔디로 잘 조성된 아름다운 공원 같은 느낌을 준다. 미국 전역에는 보훈부에서 운영하는

180여 개의 국립기념묘지가 있다고 하는데, 펀치볼 측에 의하면 펀치볼이 그중 가장 아름다운 국립묘지라고 한다. 다른 국립기념묘지를 가본 적이 없는 나로서는 (당연히 동의하고 싶고 또) 동의할 수밖에 없다.

▌펀치볼 호놀룰루 메모리얼 아래 광장에서 위쪽을 보는 모습(21.8.31.)

분화구 형상으로 둥그렇게 조성된 펀치볼 묘지 중앙을 통과하여 안쪽 끝으로 가면 '호놀룰루 메모리얼'이 있다. 호놀룰루 메모리얼은 미국의 태평양지역 3대 주요전쟁인 태평양 전쟁, 6·25 전쟁, 베트남전에 참전한 미군 전사자/실종자를 기념하는 시설이다. 아래쪽에는 넓은 광장이 있고 위쪽 공간으로 올라가는 계단과 그 좌우에 대리석으로 세워진 실종자 기념석이 보인다. 위쪽 소광장에는 컬럼비아 여신(Lady Columbia)으로 알려진 여신상과 세 전쟁의 주요 전투국면을 묘사하는 지도 갤러리, 그리고 작은 채플이 있다.

호놀룰루 메모리얼 광장에서 연중 많은 기념행사가 열린다. 대표적인 행사가 미국의 5월 메모리얼 데이 행사와 11월 베테랑스 데이 행사이다. 또한, 미군이 참전한 6·25 전쟁 기념식, 호주와 뉴질랜드의 안작(ANZAC) 데이, 필리핀 용맹의 날 행사와 같이 외국 정부(총영사관)가 주관하는 행사들도 있다. 다양한 민족이 함께 국가를 만들어 살고 미국의 세계 경찰국가 역할 때문인지 전쟁과 관련된 기념행사가 많다. 참전의 역사와 군인들의 희생을 잊지 않기 위해서일 것이다.

▌ 위쪽 소광장에서 내려본 펀치볼 국립묘지 전경(22.6.29.)

위쪽 소광장으로 올라오면, 확 트인 하와이의 푸른 하늘 아래 펀치볼 전체가 한눈에 들어온다. 펀치볼 기념묘지를 보여주는 많은 사진은 여기서 찍었을 것이다. 그리고 펀치볼에서 얻는 나의 상념 대부분은 이 광경 속에서 피어난다. 가끔 아래쪽 광장에서 헌화 행사 후에 다음 일정으로 인해 급히 떠나기를 재촉하는 분들에게는 보여주지 못해 아쉽다. 하지만 아름다운 환경을 보는 눈은 마음에서 비롯되기 때문에 마음이 조급하면 보지 않으니만 못하다는 것을 경험으로 알게 되었다.

하와이 배경 미국 드라마 '하와이 파이브-오' 인트로에 펀치볼 컬럼비아 여신상 모습이 잠시 나온다. 계단을 올라오면 정면에 보이는 약 10m 높이 여신상은 발아래 진주만을 상징하는 항공모함을 밟은 채 한 손에 월계수 잎을 들고 서 있다. 이 여신상은 전쟁에서 아들을 잃은 모든 어머니를 상징한다. 여신상 밑에는 작은 분수대가 있고 아래 글귀가 적혀 있다.

"평화의 제단에 바쳐진 엄청난 희생에 대한 엄숙한 긍지는 오직 당신만의 것입니다(the solemn pride that must be yours to have laid so costly a sacrifice upon the altar of freedom)."

이 문장은 1864년 링컨 대통령이 미국 남북전쟁에서 아들 5명 모두를 잃은 어머니 빅스비 여사에게 직접 쓴 편지의 한 문구라고 한다. 편지 원본은 소실된 것으로 알려졌다. 톰 행크스와 맷 데이먼이 주연한 1998년 스필버그 감독 영화 '라이언 일병 구하기(Saving Private Ryan)'의 첫 장면은 2차 세계대전 중 전사자 가족에게 보내는 전사통지서를 타이핑하다가 '특별한 사실'이 상부에 보고되면서 시작한다. 영화는 네 명의 아들 중 3명이 전사한 라이언 부인의 막내아들 제임스를 구하기 위한 무모한 작전을 다루고 있다. 영화 시작부분에 묘사되는 1944년 6월 노르망디 상륙작전의 처참함이 충격적이었던 기억이 있다. 컬럼비아 여신상을 볼 때마다 라이언 일병과 그 어머니 생각이 난다.

호놀룰루 메모리엘 지도 갤러리는 세 전쟁의 주요 전투국면을 담고 있다. 각각의 모자이크 삽화는 치열했던 당시 전투현장을 지도와 설명으로 보여준다. 태평양 전쟁과 6·25 전쟁 갤러리는 1966년에 제작되었기 때문에 당시 관점에서 전쟁과 각 전투에 대한 기록과 해석, 현재와는 다른 지명 등을 엿볼 수 있는 가치 있는 역사자료이기도 하다. 베트남 전쟁 갤러리는 1980년에 추가되었다.

▌ 태평양 전쟁 지도 갤러리 설명중(23.7.24.)

무관으로 근무하며 제일 많이 배운 것은 미군의 태평양 전쟁 참전사(史)이다. 1997년 해군소위 통신관으로 순항훈련차 태평양을 건너며, 해도 상 그리고 항해 중 마주하게 된 태평양의 많은 도서가 실제 치열했던 전투의 현장이었음을 펀치볼 태평양 전쟁 갤러리를 통해 알게 되었다.

2차 세계대전 유럽 전구를 다룬 '밴드 오브 브라더스(2001)'와 더불어 잘 알려진 스필버그, 톰 행크스 제작 '더 패시픽(2010)'이라는 다큐 드라마가 있다. 그 드라마에는 미 해병대가 약칭 '카날'이라고 부르는 솔로몬제도 과달카날(Guadalcanal) 전투의 참혹한 현장이 묘사된다. 한 에피소드에서는 수백 명의 일본군과 미군들이 총탄과 백병전으로 서로 죽이고 죽는 과정들을 잔혹할 정도로 반복해서 보여준다. 영화이기는 하지만 수많은 죽음을 보게 되면서 전쟁이 왜 일어나고 그들은 무엇을 위해 싸우는가에 대한 끊임없는 의문을 갖게 한다. 과달카날의 전투현장은 펀치볼 갤러리에 묘사되어 있고 그때 전사한 미군들은 이곳 펀치볼 어딘가에 묻혀 있을 것이다.

글을 맺는다. 내가 알고 있는 펀치볼 속 전투현장과 그 개인들의 이야기들은 해변의 모래알 수준이겠지만, 매번 펀치볼을 방문하는 나에게는 깊은 감동이고 도전이다. 죽음의 이야기는 언제나 삶의 의미를 더해 준다. 펀치볼에는 내가 알 수도 없고 아마도 그 누구도 알 수 없는 이야기들이 숨겨져 있다. 삶과 죽음 사이 어딘가 보이지는 않으나 끊을 수 없는 관계들이 남아 있다. 이런 깨달음과 성숙함을 준 펀치볼에 감사하다. 두 번째 이야기에서는 그곳에 묻혀 있는 한 분을 소개하고 싶다.

_____ *24.3.23.*

우리들의 아름다운 영웅 김영옥
펀치볼 국립묘지 이야기 둘

2006년 2월 3일 펀치볼 국립묘지에서 2차 세계대전과 6·25 전쟁 미군 참전용사 한 명의 안장식이 열렸다. 그의 이름은 김영옥(Kim Young Ok, 1919.1.26.~2005.12.29.)이다.

내 책장에 꽂혀있는 그의 책
출처: 북스토리

김영옥은 우리에게 『아름다운 영웅 김영옥』(한우성 저, 북스토리, 2005)이라는 책과 여러 다큐멘터리로 잘 알려진 한국계 미국인 예비역 육군 대령이다. 우리에게 익숙한 그의 타이틀은 '전쟁영웅' 그리고 '위대한 휴머니스트'이다. 그는 2차 세계대전 유럽 전역에 참전한 전투 유공으로 이탈리아와 프랑스 최고 훈장인 십자무공훈장과 레지옹도뇌르 훈장을 받았고 이후 6·25 전쟁에 참전하여 우리 정부로부터 태극무공훈장을 받았다. 비록 미국의 최고훈장인 명예훈장은 받지 못했지만, 은성무공훈장을 비롯하여 수많은 훈장을 받았다. 그가 미국 명예훈장을 받지 못한 것을 많은 이들이 의아해한다. 그는 워싱턴, 맥아더, 아이젠하워 등과 함께 2011년 MSN.COM이 선정한 미국 역사상 최고 전쟁영웅 16인에 선정되었다. 캘리포니아주에는 그의 이름을 딴 중학교와 고속도로가 있다. 우리나라 초등학교 5학년 국어 교과서에도 그의 스토리가 담겨 있다. 김영옥은 1972년 대령 예편 이후 2005년 세상을 떠날 때까지 캘리포니아 지역에서 한국과 일본을 포함한 소수 아시아계 미국인 인권 신장을 위해 헌신했다. 김영옥은 늘 자신을 "100% 한국인, 100% 미국인"으로 소개한 것으로 알려져 있다. 그런 그가 펀치볼에 잠들어 있다.

하와이 부임 전에도 그의 책을 읽기는 했으나 그때 느낌은 "사람이 어떻게 이렇게 훌륭한 삶을 살 수 있을까?" 정도였던 것 같다. 2차 세계대전 전투에서 보여준 그의 행동은 무모해 보이기까지 했다. 그는 전투에서 철모를 안 쓰는 것으로 유명했다. 하지만 수없이 반복되는 나의 펀치볼 방문과 함께 전쟁영웅 김영옥의 삶은 내가 늘 만나고 편하게 이야기하는 한국전 참전용사 할아버지들과 같은 친근함으로 다가오기 시작했다. 김영옥에 대한 나의 가장 큰 궁금증은 캘리포니아 LA 출생이고 또 그곳에서 평생을 보낸 그가 "왜 이곳 펀치볼에 와 있는가?"였다. 다음은 김영옥과 하와이 그리고 펀치볼의 상관관계에 대한 내 나름의 연구와 추론이다.

김영옥의 부모(김순권, 노라고)는 1910년대 한국을 떠나 미국에 정착한 이민 1세이다. 아버지 김순권은 1910년 배를 타고 밀항하여 하와이에 도착, 사탕수수 노동자로 일하다가 시애틀을 거쳐 결국 LA지역에 정착했다고 한다. 그는 당시 하와이에 거주하던 이승만이 만든 '대한인동지회' 회원이었다. 이승만 부부가 LA를 방문하면 김영옥의 집에 머물기도 했고 영옥의 여동생을 수양딸로 삼으려고도 했다. 김영옥은 어릴 때부터 아버지와 이승만을 통해 하와이에 대해 알고 있었을 것이다. 하와이는 1903년 시작된 미주지역 한인 이민의 첫 정착지였다. 지금은 상상하기 어렵겠지만, 이민 초기에는 하와이 거주 한인(1910년 기준 7,000여 명) 수가 미국 본토 전체 한인 수보다 많았다. 특히 이승만 대통령이 20년 넘게 살면서 해외 독립운동을 펼쳤던 본거지가 하와이였으니, 본토에 사는 이민 1, 2세대들에게도 하와이는 잃어버린 조국을 되찾기 위한 해외 독립운동의 메카였을 것이다.

하와이와 김영옥을 이어주는 직접적인 끈은 바로 '100대대(100th Infantry Batta-lion)'이다. 100대대는 하와이 거주 일본계 미국인으로 구성

▌1943년 100대대 훈련 모습
출처: US Army Center of Military History

되어 유럽 전선(이탈리아, 프랑스, 독일)에 투입된 미 육군 부대였다. 1941년 12월 일본의 진주만 공습 당시 하와이 인구의 37%인 160,000여 명이 일본계였다고 한다. 진주만 이후 현지 일본계 미국인들은 적대국 일본의 스파이로 의심받고 차별받기 시작한다. 이들이 미국에 대한 충성심을 보여주기 위해 자원입대하여 구성된 부대가 바로 100대대였다. (후에 442연대가 100대대에 합류했다) 유럽 전선에서 100대대/442연대는 가장 용맹스럽게 싸우고 가장 큰 피해를 봤기 때문에 '퍼플하트 부대'라고 불렸다. 퍼플하트는 전투 중 부상을 당한 군인에게 수여하는 훈장이다. 100대대/442연대는 미 육군 역사상 가장 많은 훈장을 받은 부대로 유명하다. 퍼플하트 9,500개 포함 전체 18,000여 개의 훈장을 받았다. 하와이주의 아버지로 알려진 일본계 미국인 다니엘 이노우에(Daniel K. Inouye, 1924~2012)도 100대대 출신이다. 이노우에는 2차 세계대전에 참전하여 오른팔을 잃었고 명예훈장을 받았으며, 이후 50년간 하와이주 상원의원을 역임했다. 그도 펀치볼에 묻혀 있다.

1942년 당시 LA 지역에서 한국인 2세로 자원입대한 김영옥은 일본계만 있었던 100대대로 편입되었다. 그는 100대대 B중대 2소대장으로 유럽전투에 참가(1943~1945)했고 이탈리아와 프랑스 전선에서의 전공으로 인해 전설적인 전쟁영웅이 되었다. 100대대/442연대는 현재 하와이 태평양육군사령부가 있는 포트 샤프터에 미 육군예비군 부대로 남아있다. 미 육군예비군 부대 중에 유일하게 현역부대처럼 전쟁지역에 투입되는 부대이다. 김영

옥은 사선을 넘어 함께 싸
운 100대대/442연대 전우들
을 평생 기억하며 살았을 것
이다. 하와이 펀치볼은 그의
100대대 전우들이 묻혀 있
는 곳이었다. 1972년 그가
군 복무를 마치고 전역식을
한 곳도 하와이였다.

그래도 그렇지, 가족들
과 후손들이 모두 있고 어린
시절을 보냈고 예편하고도
30년 넘게 산 캘리포니아가
아닌 하와이 펀치볼 국립묘
지를 선택한 이유는 무엇일
까. 자기 죽음을 생각할 때
마다 전투 중에 세상을 떠났

▌ 故 김영옥 대령의 유골이 안치된 펀치볼 납골당(21.7.21.)

던 전우들이 생각나서일까. 살아있을 때 그들의 곁을 지켜주지 못하고 그
들을 저세상으로 먼저 보낸 미안함 때문에, 죽어서는 곁에 있겠다는 자신과
의 약속 때문이었을까.

펀치볼 묘지에는 일본 성(姓)씨를 가진 묘가 유난히 많다. 일본에는
30~40만 개의 성씨가 있다고 한다. 우리가 자주 접하는 다나카, 스즈키, 야
마모토, 나카무라 외에도 정확한 통계는 알 수 없으나, 내가 펀치볼을 다니
면서 본 느낌으로는 이곳 63,000여 개 묘 중에서 1/3 정도는 일본계가 아닐
까 하는 생각이 든다. 2차 세계대전 태평양 전쟁 미군 전사자를 위해 만들
어진 펀치볼 국립묘지에 일본계가 이처럼 많다는 것은 아이러니하다. 김영
옥은 인생의 후반부를 LA 지역 한국과 일본, 필리핀 소수 아시아계 이민자
들의 인권과 사회복지를 위해 헌신했다. 그의 이름을 딴 중학교와 고속도
로, 대학연구소(UC Riverside)는 전쟁영웅 때문만이 아니라, 휴머니스트 김

영옥의 헌신적인 삶 때문이기도 하다. 일제강점기를 살고 항일운동가 아버지를 두었음에도 한국인과 일본인 모두를 위한 화해의 삶을 실천할 수 있었던 것은 100대대에서 굳게 맺어진 일본계 전우들과 관계에서 비롯되었을 것이다.

(감히) 나의 '펀치볼 친구' 김영옥의 책에 소개된 한 에피소드를 소개한다.

어렵게 자서전을 쓰기로 허락받은 저자(한우성)의 첫 인터뷰 질문은 "지금까지 무공훈장을 몇 개나 받으셨습니까?"였다. 그의 대답은 "모르겠군. 집에 가서 세어보고 알려주지."였다. 인터뷰를 몇 회 진행한 후에 저자는 다시 물었다고 한다. "훈장은 세어보셨습니까?", "잊어버리고 세어보지 못했군." 나중에 저자가 그의 집을 방문해서 "훈장은 어디 두셨나요?"라고 묻자 그는 차고 구석으로 저자를 데리고 가서 먼지 가득 쌓인 종이상자 안에 아무렇게나 들어 있는 훈장 케이스들을 보여주면서 설명했다고 한다. "이건 은성무공훈장이고…" (궁금한 분들을 위해 참고로) 김영옥이 받은 주요 무공훈장은 19개라고 한다.

펀치볼에 그가 있는 것은 어쩌면 나를 위해서인지도 모른다.

_____ *24.3.29.*

태평양 저편의 전쟁에 참전한
하와이 젊은이들
한국전 참전용사회(KWVA) 하와이챕터

국방무관이라는 직책으로 하와이에 근무하면서 그동안 내 삶에서 경험하지 못했던 새로운 관계가 생겼다. 90세가 넘은 현지 한국전 참전용사들과 만남이다. 2021년 부임 이후 한 달에 한 번은 조찬과 각종 모임으로 만나면서 이제는 친할아버지 같은 분들이다. 호칭도 편하다. 돌아가신 나의 아버지보다 연배가 훨씬 높지만 나는 그분들을 그냥 밥, 타미, 월터와 같이 편하게 퍼스트 네임으로 호칭한다. 반면 할아버지와 할머니들은 나를 늘 '캡틴 오'라고 부른다. (뭔가 잘못된 것 같기는 하다) 하와이 생활이 처음인 나에게 하와이의 역사와 관습, 음식과 문화, 그리고 현지인의 삶의 모습을 가르쳐 주시는 분들이다. 몇몇 할아버지들은 연락도 없이 어제 잡힌 싱싱한 참치회를 집으로 가져오기도 하고 또 무관부 사무실에서 같이 점심을 먹기도 한다. 모두 1996년 창설된 오아후섬 한국전 참전용사회(Korean War Veterans Association) 하와이챕터 소속이다. 이번 이야기는 우리 6·25 전쟁에 참전한, 이제는 할아버지가 된 하와이 젊은이들의 이야기이다.

하와이와 6·25 전쟁은 밀접한 관계가 있다. 당연히 나도 하와이에 오기 전에는 몰랐던 사실이다. 6·25 전쟁 발발 후 유엔안보리에서 (상임이사국 중 하나였던 소련 대표의 기권/불참으로 인해 기적같이) 한국 군사지원 결의안이 신속하게 채택된다. 미국 트루먼 대통령은 극동군 사령관 맥아더 장군을 한국전 최고사령관으로 임명한다. 맥아더 장군은 일본에 주둔하던 24사단장 윌리엄 딘 소장을 주한미군 총사령관으로 임명한다. (딘 소장은 7월 20일 대전전투 중 실종되었으나 나중에 북한군 포로로 확인된다) 전쟁 발발 5일째인 6월 30일 일본 규슈 사세보항에서 출항하여 부산항에 가장 먼저 도착한 미군부대는 24사단 스미스 부대이다. 열흘 뒤 7월 10일 두 번째로 도착한 부대는 일본 오사카 지역에 주둔하던 25사단이다. 이후 미 육군 1기병사단 7연대, 2보병사단, 5전투단, 해병 1사단 1여단, 5연대 등이 포항과 부산으로 상륙하여 참전하게 된다.

▌ 펀치볼 행사에 참석한 KWVA 할아버지들(23.5.30.)

하와이와 6·25 전쟁의 연결고리가 바로 여기에 있다. 당시 일본에 배치된 24사단과 25사단은 원래 1921년 창설된 하와이언사단 소속으로 오아후섬 주둔 육군사단이다. 1941년 진주만 공습 직전 하와이언사단이 24, 25사단으로 분리되었다. 두 사단은 태평양 전쟁에 참전하고 1945년 일본 항복 후 점령군의 일원으로 일본에 주둔한다. 25사단은 현재까지도 오아후섬 스코필드 배럭스에 주둔하고 있다. (25사단 이야기는 다른 에피소드에서 다룬다) 하와이가 고향인 24, 25사단에는 당연히 하와이 출신들이 많았다. 따뜻하고 온화한 하와이에서 자란 젊은이들이 극동의 일본으로, 그리고 갑작스럽게 한국의 전쟁에 참전하게 되었을 때 심정은 어땠을까. 하와이 출신 6·25 전쟁 참전 미군은 약 7,500여 명이고 그중 456명이 전사 또는 실종되었다. 6·25 전쟁에 참가한 전체 미군이 약 180만 명이고 전사/실종자가 36,000여 명이라고 할 때 상대적으로 적어 보인다. 그러나 당시 본토 대비 하와이 인구를 고려할 때, 하와이의 참전과 전사/실종 인원은 매우 높은 수준이다.

다시 한국전 참전용사회 이야기이다. 코로나19 이전 하와이에는 오아후섬과 이웃 섬인 마우이, 카우아이, 빅아일랜드에 모두 KWVA 하와이 챕터 지회가 있었고 참전용사들도 200여 명 이상 생존해 있었다. 혹독한 전선에서 함께 싸운 참전용사 모임은 그 어떤 조직보다 끈끈하다. 아직도 매년 연말에는 하와이지역 한국전 참전용사들과 그 가족들이 모이는 성대한 연말 행사가 있다. 타미 타하라 할아버지는 1월이 되면 이미 연말 행사 날짜를 정하고 장소 예약을 마친다. 작년 연말 행사에서 나도 영광스럽게 KWVA 하와이챕터 명예 회원이 되었다. 아마 그분들에게 나는 어린이 회원일 것이다. 아쉽게도 2024년 현재 오아후/마우이섬을 제외한 이웃 섬 KWVA 하와이챕터 지회는 문을 닫았다. 지금 내가 정기적으로 만나는 활동 가능한 참전용사 분들은 약 30여 명 수준이고 대부분 90대 초중반이다. 슬프게도 처음 하와이에 왔을 때보다 최근 들어 참전용사 장례식에 더 자주 가게 되는 것 같다.

내가 참전용사 할아버지들을 모시고 정기적으로 방문하는 두 곳이 있다. 하나는 앞서 글에서 소개한 펀치볼 국립기념묘지이고 또 다른 곳은 주정부 청사에 조성된 한국전 메모리얼이다. 그곳의 공식명칭은 '한국전 베트남전 메모리얼'이다. 이곳은 한국전과 베트남전에 참전하여 전사하거나 실종된 하와이 출신 미군들을 기념하기

▌ 한국전 메모리얼(21.10.16.)

위해, 100만 불의 예산을 들여 1994년 7월 24일 건립했다. 시내 주정부 청

사와 이올라니 궁전 사이 넓은 잔디밭 한쪽에 두 기념시설이 동일한 형태로 만들어져 있다. 넓게 퍼진 계단 형태로 조성되어 있고 검은색 화강암 정사 각형 위에 전사자와 실종자 456명의 이름이 새겨져 있다. 그중 두 명을 소개한다.

한 명은 앨런 슈라이너이다. 그는 오랫동안 KWVA 하와이 챕터 회장이었던 허버트 슈라이너 할아버지의 친동생이다. 허브 할아버지는 2023년 5월 93세의 나이로 돌아가셨다. 다음은 그가 생전에 나에게 들려준 동생 이야기다. 앨런은 형과 함께 미군에 입대하기 원했다. 당시 나이가 너무 어려 자원입대할 수

▌ 故 허버트 슈라이너 참전용사회장(22.8.1.)

없었던 앨런은 나이를 속이고 어머니를 졸라 입대원서에 서명을 받았다. 그리고 두 살 위 형인 허브(공군 정비사)를 따라 6·25 전쟁에 참전한다. 육군 보병 앨런은 한국 도착 후 경비 임무 중 지뢰를 밟고 전사한 것으로 기록되어 있다(1952.11.17.). 그의 어머니는 돌아가시기 직전까지도 허브 할아

▌ 앨런, 한국전 메모리얼(24.5.22.)

버지에게 "내가 그때 입대원서에 서명만 안 했어도 앨런이 어린 나이에 죽지 않았을 텐데."라고 한탄했다고 한다. 허브 할아버지는 우리 국가보훈부 주관 한국 재방문 프로그램차 서울을 방문했을 때 전쟁기념관에 새겨져 있는 70년 전 세상을 떠난 동생의 이름을 보면서 한없이 눈물을 흘렸다고 한다. 전사 당시 앨런은 17살이었다.

다른 한명은 김찬제 주니어이다. 나는 2023년 말 빅아일랜드 힐로 노인 요양원에 사시는 94세 리처드 김 할아버지를 만나 6·25 전쟁 당시 북한군에 포로로 잡혀 실종된 그의 동생 이야기를 듣게 되었다. 그의 아버지 김찬제는 1903년 첫 이민선을 타고 하와이에 도착한 이민 1세대이다. 리처드는 지난 70년 동안 동생 김찬제 주니어의 유해를 찾기 위해 노력을 해 왔다. 그는 나에게 "죽기 전에 동생의 유해를 찾을 수 있을까?"라고 물으셨다. 리처드 김 할아버지는 글을 쓰고 있는 지금으로부터 한 달 전인 2024년 3월 19일에 세상을 떠났다.

아래는 1950년 7월 1일 일본에 주둔하고 있었던 하와이 24사단 출신 故 김찬제 주니어가 마지막으로 부모님께 쓴 편지 내용이다. 하와이 한인이민사 연구소장 이덕희 선생님이 서한 원본을 보여주셨다.

July 1, 1950
Sat. 5pm
Sasebo Kyushu, Japan

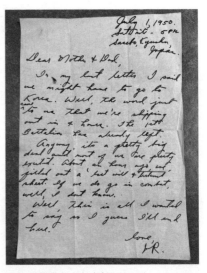

故 김찬제 주니어 서한(1950.7.1.)

Dear Mother and Dad,

In my last letter I said we might have to go to Korea. Well the word came to us that we're shipping out in 4 hours. The 1st battalion has already left. Anyway, it's a pretty big deal and most of us are pretty excited. About an hour ago we filled out a 'last will and testament' sheet. If we do go in combat, well, I don't know. Well this is all I wanted to say so I guess I'll end here.

Love, Jr.

1950. 7. 1.
토요일 오후 5시
사세보 규슈, 일본

사랑하는 어머니, 아버지.

지난번 마지막 편지에 제가 한국으로 갈 수도 있다고 했잖아요. 4시간 후에 우리를 실은 배가 떠난다고 이야기를 하네요. 1대대는 벌써 떠났습니다. 어쨌든 우리에게는 큰일이고 대부분은 무척 들떠 있어요. 한 시간 전에 우리는 유언장을 썼습니다. 우리가 만약 전투에 참가하게 된다면 글쎄요, 잘 모르겠어요. 제가 하고 싶은 말은 이게 전부니 여기까지만 쓸게요.

사랑해요, 주니어.

▌ 故 김찬제 주니어, 24사단 34연대
3대대 L중대
출처: 미 국방부 DPAA 홈페이지

故 김찬제 주니어는 이 편지를 쓴 지 불과 일주일도 안 되어 북한군 포로가 되었다. 반년간 북한 지역을 다니면서 고통스러운 포로 생활을 하다가 북중 경계선 인근 포로수용소에서 22살 나이로 세상을 떠났다. 미군 기록물에 나온 환하게 웃고 있는 그의 흑백사진은 약관 미소년의 모습이다.

지난 3년간 캡틴 오를 부르며 70년 전 한국의 모습에 관해 이야기해 주셨던 참전용사 중 여러분이 세상을 떠나셨다. 오늘은 KWVA 멤버 최고령자(97세)이고 한국전 참전용사회 중 유일하게 2차 세계대전에도 참전했던 필리핀계 사니코 할아버지 안장식에 다녀왔다. 가족들은 나에게 자리에 참석해 주어 고맙다고 몇 번이니 인사하면서, 사니꼬 할아버지는 평생 한국전에 참전한 것을 보람있게 생각했고 미군 참전용사들을 잊지 않고 기억해주는 한국 정부에 고마워했다고 했다. 함께 참가한 밥, 타미, 월터는 그날따라 나를 만나서 반갑다면서 즐거워하시는데, 이제는 너무 많은 장례식에 다녀서 무감각해지신 건가.

90년 넘게 사신 참전용사분들과 만나면서 나이가 든다는 것, 노인이 된다는 것, 사랑하는 사람을 먼저 떠나보낸다는 것, 그리고 이 세상을 떠난다는 것에 대해 좀 더 자주 생각하게 된다. 내 삶을 되돌아보게 된다. "과연 나는 잘 살고 있는가?"

▌ 사니코 할아버지 안장식 날 월터, 타미, 밥 할아버지와 함께(24.4.10.)

_____ 24.4.10.

묻혀 있는 이야기를 현재의 삶으로
되찾아 주는 사람들
전쟁실종자 유해 발굴 이야기 하나

2021년 9월 22일, 하와이무관으로 부임한 지 두 달이 된 시점이었다. 미공군 히컴기지 19번 격납고에서 우리 대통령이 주관하는 한미 유해 상호 인수식이 열렸다. 왜 이곳 하와이에서 6·25 전쟁에서 실종되었던 국군과 미군의 유해를 인수하는 행사를 하는 것일까?

미국 국방부 산하기관 DPAA는 '국방 전쟁포로 및 실종자 확인국 (Defense Prisoner of War / Missing in Action Accounting Agency)'이다. DPAA는 워싱턴 D.C.에 행정본부를 운영하고 하와이에 작전본부를 두고 있다. DPAA 전신은 태평양사령부 예하 '합동 전쟁포로 및 실종자 확인 사령부(JPAC)'였으나, 2015년 국방부 직속 기관으로 합병 확대되었다. DPAA 임무는 미군이 참전한 전 세계 전장터에서 전쟁포로와 실종으로 시신을 찾지 못한 미군 유해를 발굴하고 신원을 확인하여 가족과 후손의 품으로 돌려주는 것이다.

2차 세계대전 이후 현재까지 미군에는 약 82,000명의 전쟁실종자가 발생했고 DPAA는 전 세계 46개국에서 실종자 유해를 발굴하고 있다. 이 중 2차 세계대전 72,000여 명, 6·25 전쟁 8,100여 명, 베트남전 실종자가 1,600여 명이다. DPAA는 1990년대부터 현재까지 6·25 전쟁 미군 실종자 유해 600여 명의 신원을 확인하여 가족의 품으로 돌려주었다. 처음 질문으로 돌아가자면, 이곳 하와이에서 우리 국군의 유해 인수식을 하는 이유는 DPAA가 발굴한 많은 유해 중에 미군이 아닌 한국군이 포함되어 있기 때문이다. 6·25 전쟁 당시 많은 전투에서 미군과 국군은 어깨를 나란히 하고 싸웠다. 한미동맹의 굳건함을 "어깨와 어깨를(shoulder to shoulder)"이라고 표현하는 이유이다. 실제 2012년부터 현재까지 DPAA는 6번의 송환식을 통해 300구가 넘는 국군 유해를 한국으로 보냈다. 그중에서 2024년 기준 신원이 확인된 유해는 19건이다.

　　DPAA가 한국군의 유해를 찾게 된 경위는 다음과 같다. 우선 북한이 제공한 미군 유해들이 있다. K208 상자는 1990년부터 1994년 사이에, K55 상자는 2018년에 북한이 미측에 준 유해 상자이다. 또한, DPAA가 1996년부터 2005년 사이에 북한 지역에서 북한 측과 합동 발굴한 미군 유해들이 있다. 이렇게 확보되고 발굴된 미군 추정 유해들 가운데 우리 국군의 유해가 일부 포함되어 있었다. 또 다른 경위는 DPAA가 펀치볼 묘지에 매장된 650여 개 한국전 참전 신원미상 묘지를 개장하고 신원을 확인하는 과정에서 한국군의 유해가 나오는 경우이다. 미국은 한국전쟁 당시 전사한 신원미상 미군 유해 850여 구를 1953~1954년경 하와이로 가지고 와서, 펀치볼 국립묘지 U 구역에 매장했다. DPAA는 2018년부터 펀치볼의 신원미상 유해들을 꺼내 새롭게 개발된 감식법으로 신원을 확인하는 프로젝트를 진행하고 있다.

▌ 펀치볼 U 구역 한국전 무명용사 묘(24.1.13.)

　　진주현 박사는 한국계 미국인 법의 인류학자로 2010년부터 DPAA에서 한국전 프로젝트를 이끌고 있다. 지난 15년 동안 한국전 프로젝트는 DPAA에서 가장 중요하고 규모가 큰 프로젝트로 성장해 왔다. 즉 가장 많은 유해 발굴과 식별 성과를 내고 있다는 의미이다. 실제 DPAA 건물의 한 개 층 거의 전부에 한국전쟁 유해들이 테이블 위에 펼쳐져 있는 것을 볼 수 있다.

DPAA의 한국전 프로젝트가 성장한 것은 물론 DPAA 측 역할이 컸겠지만, 2008년 창설된 한국 국방부 유해 발굴감식단(이하 국유단)과 긴밀한 협업이 가능했기 때문일 것이다. 우리나라 6·25 전사자 유해 발굴은 2000년 6·25

▌유해 감식 과정을 설명하고 있는 진주현 박사(24.1.11.)

전쟁 50주년 기념사업의 하나로 시작되었다. 처음 DPAA를 방문했을 때 미군들이 '매크리, 매크리' 하는데 어떤 영문 약자인지 몰라서 어리둥절했던 기억이 난다. 매크리(MAKRI)는 'MND Agency for KIA Recovery and Identification'으로 우리 국유단의 영문 약자이다. DPAA와 MAKRI는 2011년 양해각서를 체결하고 매년 한미 유해 발굴과 감식에 대한 협력을 진행하고 있다. DPAA 측에 의하면 2024년 기준 우리 국유단은 유해 발굴, 감식과 연관된 모든 과학적 프로세스에서 미 DPAA가 유일하게 동등한 관계로 협업하는 최고 수준의 파트너이다. 국유단은 2000년부터 현재까지 총 13,000여 구의 유해를 발굴했다. 그중 국군 유해가 11,500여 구, 북한/중국군 1,800여 구, UN군이 35구이다. 현재 국유단이 발전시킨 일부 감식 시스

▌히컴기지 19번 격납고 행사 당일 아침(21.9.23.)

템은 선생님인 DPAA를 앞서기도 한다고 그들도 인정한다. 질문 '왜 하와이인가'에 대한 답변이 길었다.

2021년 9월로 돌아가 보자. 당일 히컴기지 19번 격납고에서는 한국군 유해 68구와 미

군 유해 6구가 먼저 유엔사로 인계되고 이후에 한미 양국에 각각 전달되었다. 미국이 한국에 인도한 68구 유해 중 2명은 1950년 11~12월 장진호 전투에서 전사한 미군 7사단 32연대 소속 카투사 출신 故 김석주, 정환조 일병으로 확인되었다. 북한 개마고원에서 벌어진 장진호 전투는 미 해병 1사단과 유엔군이 중공군 12만 명에 포위, 격전 후 흥남으로 철수한 전투이다. 유엔군 17,000여 명, 중공군 48,000여 명이 전사했다. 그날 행사의 하이라이트는 故 김석주 일병 유해를 그의 외증손녀 간호장교 김혜수 소위가 직접 들고, 대통령 부부와 함께 대한민국 공군 1호기를 탑승하는 장면이었다. 현장에서 김형석 작곡가가 건반으로 진중가요 '전선야곡'을 연주했다. 그날 참가한 많은 이들의 마음속에는 외증조부 유해가 담긴 상자를 들고 묵묵히 걸어가던 김혜수 소위의 모습과 전선야곡의 슬픔과 아픔을 동반한 건반 소리가 깊게 새겨졌다. 인태사령관 아퀼리노 제독은 그날 그 장면이 재직기간 중 가장 인상 깊었던 순간이었다고 여러 번 언급했다.

사실 무관인 나에게 그날 더 중요했던 일정은 대통령이 참가하는 펀치볼 기념행사였다. 행사는 두 가지였다. 하나는 이곳에 묻힌 미군 한국전 참전용사들에 대한 대한민국 대통령의 참배와 헌화였다. 나는 헌화보좌 임무를 수행했다. 다른 하나는 그날 미측으로 인도된 유해 중 신원이 확인된 한 명의 미군을 기념하는 행사였다. 대통령이 직접 그의 이름이 새겨진 실종자 기념석 벽면에 '당신의 유해를 찾았음'을 의미하는 장미 표식 '로제트(rosette)'를 붙여주는 것이었다. 펀치볼 호놀룰루 메모리얼 실종자 기념석에 새겨진 29,000여 명의 이름 중 8,000여 명은 한국전쟁 실종자이다. 그는 앞서 카투사 김석주, 정환조 이병과 같은 미 육군 7사단 32연대 소속으로, 1951년 4월 26일 화천 전투에서 20살의 나이로

▌ 펀치볼 실종자 기념석에 붙여진 로제트

전사한 노스캐롤라이나 출신 윈프레드 레이놀즈(Winfred L. Reynolds) 이병이었다. 대통령을 안내하여 6·25 전쟁 실종자로 분류된 약관의 미군 병사 이름 옆에, 70년 만에 그가 조국과 가족의 품으로 돌아왔음을 의미하는 로제트를 붙인 것은 잊지 못할 경험이었다.

2021년 9월 이후 본격적인 무관 근무에 있어 DPAA는 펀치볼과 더불어 한국의 공무 출장단이 찾는 단골 장소가 되었다. 나는 매번 DPAA 방문을 통해 배우게 되는 그들의 고귀한 작업에 푹 빠져들었다. 유해 발굴과 식별은 지극히 과학적이며 인문학적인 프로세스이다. 발견된 유해의 유전자 표본 채취와 분석, 비교하는 과학적 정교함뿐만 아니라, 70년 전 벌어졌던 그날의 전투과정과 개인의 신상기록을 찾고 연결하는 인문학적 창의성을 발휘해야 한다. 무엇보다도 잊혀 있고 묻혀 있던 이야기를 현재의 삶으로 되찾아 주는 의미 있는 작업이다. DPAA를 포함한 많은 이들의 오랜 노력과 헌신을 통해 마침내 신원이 확인된 실종자의 이야기가 되살아나기 때문이다. 그 이야기가 수십 년 긴 세월을 실종자의 부재와 더불어 살아온 가족들의 현재 삶과 마주할 때, 그 감동은 무엇과도 비교할 수 없다. 그리고 이것은 전쟁터에서 산화한 그들에 대한 국가 그리고 우리 모두의 책무이다.

미 DPAA 모토는 "국가의 약속을 달성한다(Fulfilling Our Nation's Promise)"이다. 우리 국유단은 "그들을 조국의 품으로(Bring Them into the Arms of the Homeland)"이다.

_____ *24.3.19.*

유해 발굴의 인문학, 과학, 그리고 정치학
전쟁실종자 유해 발굴 이야기 둘

　나의 DPAA 글에서 진주현 박사를 빼놓을 수가 없다. 그녀가 오랜 기간 DPAA 한국전 프로젝트 책임자였기도 하지만, 내가 이 글을 쓰게 된 동기이면서 내가 아는 유해 발굴 지식 대부분을 가르쳐준 선생님이기 때문이다. 또한, 그녀는 나의 '북버디'이다. 하와이에 근무하면서 읽은 책 중 가장 두껍고 무거운 책들은 다 진박사 권유로 읽게 된 책들이다. 진박사가 직접 번역한 『인류의 위대한 여행』(The Incredible Human Journey, 앨리스 로버츠 저, 책과함께, 2011)과 그녀의 요청으로 번역된 최애도서 『뉴호라이즌스 새로운 지평을 향한 여정』(Chasing New Horizons, 앨런 스턴, 데이비드 그린스푼 저, 푸른숲, 2020)은 모두 500페이지가 훌쩍 넘는다. 그리고 진

주현 박사 베스트셀러 『뼈가 들려준 이야기』(푸른숲, 2015)와 최근 저술한 『발굴하는 직업(마음산책, 2024)』까지, 사실 북버디보다는 독자라는 표현이 맞겠네. 당연히 이 글은 그녀의 책 선전은 아니다. 이미 나 정도 글에서 홍보가 불필요한

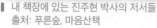

▌내 책장에 있는 진주현 박사의 저서들
　출처: 푸른숲, 마음산책

책들이다.

이쯤에서 진박사 개인 이야기로 빠져드는 유혹을 뿌리치고, 다시 유해 발굴로 돌아와야겠다. 진주현 박사에 대해 더 알고 싶은 분들은 그녀의 신작 『발굴하는 직업』을 사 보시라(역시 책 선전이었나).

DPAA가 수행하는 '전쟁실종자 유해 발굴, 신원확인과 유해송환'은 다양한 학문과 실행의 영역이 결합된 매력적인 분야이다. 그리고 그 결과는 국가와 개인의 약속을 지켜내고 군인의 삶과 희생에 보람과 의미를 부여한다.

유해 발굴 과정은 전쟁사와 전투의 기록을 찾고 비교하는 인문학적이고 사회과학적인 프로세스이다. DPAA는 2차 세계대전과 한국전쟁, 그리고 베트남 전쟁의 현장인 유럽과 아시아 곳곳에서 미군 실종자 유해 발굴작업을 하고 있다. 물론 다양한 경로로 우연히 유해가 발견되기도 하지만, 대부분은 유해를 찾기 위해 수십 년이 지난 실종자 명단과 기록들을 가지고 당시 소속부대의 전투현장을 방문하는 것부터 시작된다. 2차 세계대전 실종자 유해 발굴은 적어도 80년이라는 시간을 되돌아가는 멀고 먼 과정이다. 당시 전투기록뿐 아니라 이제는 정말 몇 남지 않은 생존자의 증언부터, 전쟁 이후 그 지역에서 살아온 사람들에 대한 조사까지, 나 같은 비전문가는 잘은 모르지만, 문화인류학과 고고학의 전문성으로 무장하지 않고는 불가능한 작업일 것이다. 어린 시절부터 지금까지 나의 훼이버릿 무비 인디애나 존스가 성궤 또는 성배를 찾는 과정만큼 낭만적이고 어드벤처러스하지는 않을 것이나, DPAA의 유해 탐사와 발굴 과정 대부분은 이와 유사할 것이다. (인디애나 존스 시리즈는 최근에 나온 5편까지 빠짐없이 챙겨봤지만, 역시 성궤를 추적하는 1편 레이더스(Raiders)와 인디 해리슨 포드가 아버지 숀 코너리와 함께 성배를 찾는 3편 마지막 크루세이드(The Last Crusade)가 최고였다. 동의하시는지?).

한편 유해 감식은 알다시피 대부분 과학의 영역이다. 대부분이라고 한 이유는 간혹 과학의 적용이 불필요할 수도 있고 또 불가능한 경우 인문학적 창의성이 적용되기 때문이다. 당연히 과학자가 아닌 필자로서는 세부과정을 설명하기 어렵다. 하지만 선생님께 배운 내용을 바탕으로 정리해 보자.

발굴된 유해가 과연 누구의, 또는 찾고 있는 사람(실종자)의 뼈인가를 알기 위한 첫 단계는 당시 전투기록과 제보 내용을 토대로 한 법의 인류학적(성별, 나이, 사망원인, 인종 감식 등) 분석에서부터 시작된다. 일례로 과거 어느 전투에서 실종된 인원이 다섯 명인데 그 지역에서 유해가 발굴된다면, 유해의 온전성을 고려하여 인간의 뼈가 기본적으로 제공하는 생물학적 정보로 어렵지 않게 뼈의 주인을 추정할 수 있다. 기본적으로 모든 미군의 신체학적 개인정보는 데이터베이스화되어 있다. 손상이 심하거나 아니면 유해의 극히 일부분만 발견되었을 경우 모계로 유전되는 미토콘드리아 DNA 시료를 채취하여 이미 확보된 유가족 DNA 샘플과 비교한다. DPAA에는 한국전 실종자 90%의 유가족 DNA가 확보되어 있다. 그 이외에도 특정 부위 뼈(쇄골, 치아 등)가 발견될 경우, 입대하면서 의무적으로 실시하는 결핵 검사 가슴 엑스레이 사진이나 치아검진 기록으로 식별하기도 한다. 최근에는 DNA 추출이 불가할 경우 뼛속에 남아있는 일부 유기질 성분을 분석하면, 그 사람이 사망하기 10년 전까지 먹었던 주식이나 물의 성분을 알 수 있고 이를 통해 인종과 생활지역까지 추정할 수 있다고 한다. 하여튼 과학자들이란.

마지막으로 국가 간 전쟁의 산물인 유해의 발굴과 송환은 국제정치학적 함의를 가진다(드디어 내 전문분야로 돌아왔다). 2018년 7월 진주현 박사가 북한 원산에서 직접 가져온 K55 유해 상자는 그해 6월 싱가포르에서 열린 미북 정상회담의 결과였다. 당시 합참에 근무하고 있던 나에게 싱가포르 회담 합의문 4개 조항 중 마지막에 유해 관련 협력이 포함된 것은 의외였다. 베트남 전쟁 이후 미국과 베트남의 관계가 개선되고 1995년 양국의 국교 정상화를 가져온 것도 1980년대 베트남 내 미군 유해 발굴 협력이 계기가 되었다고 한다. 6·25 전쟁은 한국과 북한, 중국뿐만 아니라 미국을 포함한 유엔참전국 16개국이 함께 싸운 국제전쟁이었다. 우리 국유단은 현재까지 총 35구의 유엔군 유해를 발굴하여 송환하였다. 타국의 전선에서 희생된 자국 군인의 유해를 본국으로 송환하여 가족의 품에 돌려주는 것은 누구도 부정할 수 없는 국가의 신성한 의무이다. 적대국도 유해 발굴과 송환은 합의할 수 있다. 아직도 한국전 참전 미군 실종자는 7,500여 명에 이르고 그중 5,000여 명의 유해는 북한 지역에 있는 것으로 추정한다. 경기도와 강원도 접전지역이었던 백마고지와 화살머리고지에서는 국군과 미군뿐만 아니라 중공군의 유해도 발견된다. 향후 어떤 형태로든지 한반도에 평화의 기회가 열리게 된다면, 한국과 미국, 북한과 중국 간 6·25 전쟁 유해 발굴과 송환 협력이 중요한 계기가 될 것이다.

다른 지역 예를 들어보자. DPAA의 '타라와 프로젝트'는 남태평양 도서국 중 하나인 키리바시 공화국의 옛 수도 타라와섬에 남아있는 미군 유해를 발굴하고 본국으로 가져오는 작업이다. 1943년 11월에 있었던 타라와 전투는 태평양전구 최대 격전지 중 하나이다. 일본군 점령 타라와섬 탈환을 위한 상륙작전에서 수많은 미군 전사자가 발생했다. 당일 타라와섬의 조석 간만 차이를 고려하지 못했던 점이 전사자 급증의 원인이었다고 한다. 당시 타라와섬 활주로 건설 목적으로 일본에 강제동원된 한국인 노동자 1,100여 명도 함께 목숨을 잃었다. 2023년 12월 1일 DPAA에서 타라와 한인 강제노동자 중 최초로 신원이 확인된 故 최병연님의 유해 송환식이 열렸다. 최근 인태지역 내 미국과 중국의 전략경쟁이 미크로네시아와 솔로몬제도가 있는 남태평양 도서 지역까지 확대되면서, 중국의 압박으로 인해 키리바시 공화국과 미군 유해 발굴 협력도 까다로워지고 있다고 들었다. 이처럼 유해 발굴과 송환은 각국의 과거와 현재 그리고 미래를 연결하는 국제관계적 함의를 지닌다.

한국과 미국이 함께하는 유해 발굴, 식별, 송환 협력은 한미동맹의 중요한 상징이다. 한국과 미국이 피를 흘리며 함께 싸운 기억이며, 앞으로도 반드시 함께 싸울 것이라는 굳건한 약속이다. 70년이 넘게 흘렀으나 6·25 전쟁은 아직도 우리에게 남북분단과 대치의 현실로 남아있다. 하와이에서 열린 2021년 9월 유해 송환행사에서 간호장교 김혜수 육군소위가 외증조부 故 김석조 일병의 유해를 들었다. 2023년 7월 유해 송환행사에서는 해군 최호종 상사가 그의 큰아버지 故 최임락 일병의 유해를 들었다. 유해 발굴은 잊고 있던 헌신의 기억을 되찾게 해주고 약속이 살아있음을 상기시킨다. 뼈는 살아있다(2024년 6월 27일 진주현 박사가 '유키즈'에 출연했다. 대박!).

_____ 24.3.21.

▌ DPAA 부국장 브레넌 해병대령과 함께(24.7.18.)

전 세계에서 찾는 버킷리스트 여행지
와이키키 해변

　하와이의 중심은 오아후섬, 오아후섬의 중심은 호놀룰루, 호놀룰루의 중심이 바로 와이키키이다. 와이키키는 18세기 말 카메하메하 대왕의 하와이왕국 첫 번째 수도였다. 와이키키(Waikiki)는 하와이어로 '용솟음치는 맑은 물'이라는 뜻이다. '와이(Wai)'는 '물'을 의미한다. 영어 '워터'와 관계가 있는지는 모르겠지만, 하와이에는 와이(Wai)로 시작하고 끝나는 지명이 셀 수 없이 많다. 와이알라이, 와이아나이, 와이마날로, 알라와이 등, 그렇겠지 섬인데 물과 관계된 지명이 얼마나 많겠나. 어쨌든 와이키키 해변은 하와이를 대표하는 곳이고 전 세계 사람들의 버킷리스트 여행지이자 많은 신혼부부의 허니문 방문지이다. 그 와이키키를 나는 무관으로 근무하면서 하루가 멀다고 찾아간다. 감사할 일이다.

　와이키키를 지나는 주도로는 하와이왕국 마지막 왕 이름을 딴 '칼라카우아(Kalakaua)'이다. 이름 외우기가 만만치 않았다. 아마도 1년 정도 지난 다음에 입에 붙었던 것 같다. 와이키키 인근 호텔과 도로명은 19세기 하와이왕국을 다스렸던 왕과 왕비, 공주와 왕자의 이름을 많이 쓴다. 1978년부터 호놀룰루시는 새로운 지명에는 하와이어만 사용하는 것으로 법제화했다고 한다. 와이키키 동쪽 끝에 있는 퀸 카피올라니 공원과 쉐라톤 프린세스 카이울라니 호텔, 왕자 이름을 딴 쿠히오 비치가 눈에 띈다. 1795년 하와이왕국을 처음 세운 카메하메하 대왕을 포함하여 알파벳 'K'로 시작하는 이름이 유나히도 많다. 혹시 알고 있는지? 하와이어는 알파벳 모음 5개와 자음 7개로만 이루어져 있는 것을. 알파벳이 총 26개인데 실제 하와이어는 12개만 가지고 쓴다. 원래 하와이에는 문자가 없었고 1800년대 초반에 온 서양 선교사들이 원주민 발음에 알파벳을 붙여서 만들었다고 한다. 그러니 비슷한 단어와 지명과 이름들이 많을 수밖에 없다. 하와이어에서 사용하는 자음 7개는 H, K, L, M, N, P, W이다. 따라서 하와이 말에는 그 흔한 S로 시작하는 단어도 T로 끝나는 단어도 없다. 그 대신 K와 W가 압도적으로 많다.

와이키키가 지금의 아름다운 해변과 호텔, 명품 쇼핑가와 식당가의 모습을 갖추게 된 것은 1900년대 초반부터 시작되었다. 초기에는 하와이 왕족들과 현지 미국 사업가들을 위한 고급리조트로 시작했다. 그 이후 진주만 해군기지가 만들어지면서 군인들의 휴식과 여가활동(R&R) 장소로 활용되기 시작했다. 군 가족과 친척들의 방문도 많아졌다. 본토에서 방문하면 숙박시설이 필요했고 군 가족은 연중 온화한 기후와 해변을 즐기기 위해 와이키키를 더 자주 찾기 시작했다. 실제 와이키키 해변은 100% 인공 조성이라고 한다. 한동안 와이키키 해변의 모래 대부분은 캘리포니아에서 가져왔다.

▌ 모아나 호텔 역사 사진(24.5.12.)

필자가 와이키키에서 제일 좋아하는 두 호텔을 소개한다. 와이키키에 제일 먼저 생긴 호텔은 모아나 서프라이더 호텔이다. 당시 이름은 모아나 호텔이었다. 영화 제목으로도 잘 알려진 '모아나(Moana)'는 바다라는 의미가 있다. 모아나 호텔은 1901년도에 만들어졌으니 올해로 123년이 된 호텔이다. 이 호텔로 인해 와이키키가 고급 휴양지로 알려지기 시작했다. 4층짜리 유럽 고딕 스타일 건물로 아

직도 와이키키 최고급
호텔 중 하나이다. 호
텔 1층과 2층에는 100
여 년 전 모습부터 2차
세계대전 전후, 그리고
70/80년대 이후 최근까
지 와이키키의 변천사
를 볼 수 있는 사진들이
벽에 걸려 있다. 호텔의
역사가 와이키키의 역

▌ 모아나 서프라이더 호텔의 반얀트리 나무(22.8.12.)

사이다. 호텔 로비를 지나 바다쪽으로 나가면 25m 높이의 거대한 인디언 반얀트리가 한 그루 있다. 반얀트리를 본 사람은 한 그루지만 한 그루가 아닌 반얀트리의 특성을 알 것이다. 와이키키의 많은 반얀트리 중에서 가장 많은 관심과 사랑을 받는 반얀트리일 것이다. 그 나이는 모아나 호텔만큼 되었을 것으로 보인다. 검색해 보니 1904년에 그 자리에 심어졌고 그 당시 나이가 7살, 높이가 약 2m였다고 한다. 나는 아직 이 호텔에서 묵어 본 적은 없다.

모아나 서프라이더에서 조금 걸어가면 로열 하와이언 호텔이 있다. 1927년에 오픈하여 모아나 호텔 다음으로 와이키키에서 오래된 호텔이다. 와이키키 정중앙에 자리 잡고 있고 조금 촌스럽기는 하지만 그 나름대로 매력이 있다. 스페인 무어 스타일의 핑크색 건물이라 쉽게 눈에 띈다. 별명은 '태평양의 핑크 궁전'이다. 로열 하와이언이라는 이름을 비추어 볼 때 아마 초창기 하와이 왕족들이 즐겨 찾았던 것 같다. 현재 호텔 위치에 과거 카메하메아 대왕의 자택이 있었다고 한다. 태평양 전쟁 기간에는 미 해군의 휴식과 휴양을 위한 장소로 운영되었다. 와이키키 해변과 연해 있는 로열 하와이언은 건물과 해변 사이에 넓은 잔디 공간이 있고 그곳에서 연중 큰 리셉션들이 많이 열린다. 호텔에서 잔디 공간으로 나가는 출구가 아치형으로 되어있어 하와이 최고의 결혼식장으로도 유명하다. 로열 하와이언 지하층으로 내려가면 모아나 호텔처럼 호텔의 역사와 와이키키 발전사를 보여주는 전시공간이 있다. 지난 100년간 전 세계의 얼마나 많은 로열 인사들이 이곳에서 하룻밤을 보냈을까. 필자도 2016년 하와이 출장 때 로열 하와이언에서 하룻밤을 머무른 적이 있다. 물론 나는 로열도 하와이언도 아니다.

▌ 듀크 카하나모쿠 동상(23.3.28.)

와이키키 이야기에 서핑을 빼놓을 수 없다. 와이키키 동쪽 끝단에는 서핑의 원조이자 하와이 출신 올림픽 수영 금메달리스트 '듀크 카하나모쿠'의 3m 높이 동상이 서 있다. 실제로 동상 주변은 그의 이름을 딴 카하나모쿠 비치이다. 그는 서핑으로 와이키키를 유명하게 만든 사람이다. 와이키키 해변에는 새벽부터 해질 녘까지 서핑보드를 들고 바다에 뛰어드는 사람들을 볼 수 있다. 와이키키를 처음 찾는 서핑 초보부터 서핑에 한평생을 바친 고수까지 모두 와이키키 파도와 보드 하나만으로 하루를 보내는 사람들이다. 서퍼들은 와이키키 해변을 와이키키답게 만드는 중요한 요소이다. 나의 와이키키 해변과 첫 만남에도 서핑에 대한 인연이 있다. 1997년 해군소위 시절 순항훈련으로 처음 하와이 진주만과 와이키키를 방문했다. 해변에서 10달러인가 주고 서핑보드를 빌려서 무작정 바다로 헤엄쳐 나갔던 것 같다. 무서울 것이 없었고 체력에는 자신이 있었던 시절이었다. 그러나 결과는 참혹했다. 서핑보드에 제대로 한번 일어서지도 못한 채 파도에 시달리며 1시간도 안 되어 녹초가 된 채 간신히 해변으로 돌아왔던 것 같다. 서핑과 첫 만남이자 마지막 기억이다. 하와이에 3년째 살고 있고 바닷가 곳곳에서 서퍼들의 멋진 모습을 보지만, 다시 도전할 마음의 준비가 되지 않았다. 어쨌든 와이키키는 서핑이고 서핑은 와이키키이다.

와이키키에서 조금만 더 가면 그 유명한 다이아몬드헤드가 있다. 나지막한 소분화구 안에는 230m 높이까지 오르는 짧은 하이킹 코스가 있다. 이름이 다이아몬드헤드로 붙여진 이유에는 여러 설이 있다. 위키피디아에 의하면 19세기 영국 선원들이 다이아몬드헤드 인근 해변에서 크리스털을 발견하고 다이아몬드인지 알았다고 한다. 배를 타는 해군이어서일까. 내게는 호놀룰루로 입항하는 배들이 볼 때 햇빛이 산에 반사되어 빛나는 모습이 다이아몬드 같아서 붙여졌다는 설에 더 공감이 간다. 독립운동가 안창호 선생의 호 도산(島山)은 안창호 선생이 배를 타고 하와이섬으로 오다가 멀리서 다이아몬드 헤드를 보고 영감을 받아 지었다고 한다. 넓은 바다에 우뚝 솟은 섬과 같이 지조를 지키며 조국을 부강하게 일으켜 세우리라는 의미를 담았다고 한다.

▌ 정상에서 무지개를 찍다가 우연히 촬영한 프러포즈 장면
(21.8.29.)

다이아몬드 헤드 정상에서 바라보는 일출이 유명하고 일출을 배경 삼아 프러포즈하는 연인들이 있다고 들었다. 나도 실제로 한 번 본 적이 있다. 정상에서 일출과 무지개를 찍고 있는데, 갑자기 '와아~' 소리가 나서 보니 남자가 반지를 든 채 무릎을 꿇고 있었고 그 앞에서 여자는 어쩔 줄 몰라 하면서 서 있었다. 그 시간 그곳에 함께 한 모두를 행복하게 만들어주는 장면이었다.

와이키키에서 식당을 추천하는 것은 쉽지 않다. 유명하고 맛있고 분위기 좋고 비싼 레스토랑들이 너무 많다. 자기 취향에 맞는 그리고 주머니 사정에 맞는 곳을 찾아야 한다. 원하는 곳을 찾더라도 예약하지 않으면 식사하기 어렵다. (예상했겠지만) 그래도 맥줏집 한 곳은 소개하련다. 마우이 브루잉 컴패니이다. 하와이카이에 코나 브루어리가 있다면 와이키키에는 마우이 브루잉 컴패니가 있다. 이곳은 비교적 저렴한 가격에 로길 드래프트 맥주를 마음껏 즐길 수 있는 곳이다. 내 경험으로는 대부분 시간대에 예약이나 웨이팅 없이 워크인으로 들어갈 수 있다. 대표적인 맥주는 라거 비키니 블론드(Bikini Blonde), 아이피에이 빅 스웰(Big Swell), 그리고 골든 에일 선샤인 걸(Sunshine Girl)이다. 나는 오엠지 헤이지 아이피에이(OMG Hazy IPA)를 선호한다. 마브컴에서 여섯 가지 맥주를 한 번에 맛볼 수 있는 샘플러를 고르는 재미와 시켜놓고 기다릴 때 설레는 기분이란.

알라모아나에서 와이키키로 넘어가는 초입에는 넓은 잔디광장이 있고 '포트 데루시'라는 오래된 육군부대 터와 하와이 육군박물관이 있다. 그곳은 1900년대 초 랜돌프 포대라는 해안포 부대가 있던 자리이다. 해안으로 접근하는 적 군함을 격침하기 위해 와이키키 해변에 설치한 육군 14인치 해안포 부대였다. 당시 포대 건물을 그대로 활용하여 육군박물관을 만들었다. 내부에는 1900년대부터 시작된 하와이 육군 발전사가 잘 정리되어 있다. 특히 포트 쉐프터와 스코필드 배럭스의 역사, 하와이주둔 미 육군 24사단과 25사단의 2차 세계대전, 6·25 전쟁, 베트남전 참전 역사관이 마련되어 있다. 지난 100년 하와이 미 육군 역사를 배울 수 있는 곳이다. 진주만이 상징하는 해군 못지않게 이곳에 육군의 존재가 있었음을 알려준다. 호텔을 지으면 수백 수천억은 호가할 와이키키 노른자 위치지만, 경제적 가치로 비교할 수 없는 역사를 담고 있기에 지금까지도 와이키키 한구석을 꿋꿋하게 지키고 있는 듯하다.

▌ 와이키키의 석양(22.2.5.)

지난 3년간 하와이를 찾은 출장단과 방문객을 모시고 와이키키를 수도 없이 찾았다. 와이키키 거리와 바닷가는 늘 분주하고 활기차고 다양한 모습의 사람들로 가득하다. 대부분은 약간 흥분되어 있고 들떠 있고 표정도 밝다. 그들은 오랜 시간 고대하고 준비해온 하와이 여행을 온 사람들이다. 평생 처음 버킷리스트로 그리고 신혼여행으로 꿈에 그리던 와이키키를 이 순간 걷고 있는 사람들도 있을 것이다. 와이키키는 그렇게 100여 년 전 그때부터 많은 이들을 꿈꾸게 하는 곳이고 또 그 꿈을 이루게 하는 곳이다.

_____ *24.4.23.*

오아후 동쪽 해안의 아름다운 바다마을
하와이카이

하와이카이는 오아후섬 동쪽 지역에 있는 거주지역이다. 호놀룰루 중심지 와이키키에서 동쪽으로 운전하면 20분 거리에 있다. 우리 가족이 하와이에서 지난 3년을 보낸 곳이다. '카이(Kai)'는 하와이어로 '바다'라는 뜻이다. 물을 뜻하는 있는 와이(Wai)와 함께 하와이에는 카이가 포함된 지명이 제법 많다. 카이무끼, 카일루아, 라니카이. 한자 바다 해(海)를 일본어 음독으로 '카이(カイ)'라고 하는데 연관성이 있는지 모르겠다. 어쨌든 하와이섬

▌ 마카푸 룩아웃에서 보는 해안 절경(24.2.24.)

전체가 바다를 접하고 있는데 '하와이의 바다'라고 하니 이곳의 바다가 얼마나 아름다운지 상상할 수 있다. 하와이카이는 오하우섬 동쪽 끝과 연해 있어 섬과 바다와 산과 해변의 경관이 절묘하게 어우러지는 곳이다. 스노클링으로 이름난 하나우마베이도 여기에 있다. 특히 마카푸 룩아웃에서 바

라보는 동북으로 펼쳐진 긴 해안선은 오아후섬에서도 손꼽히는 절경이다.
지금도 하와이카이 이사 후 처음 그 광경을 봤을 때를 잊을 수 없다. 숨이
멎을 듯한 느낌이 드는 충격적인 대자연의 모습이었다. 3년이 지난 지금도
마카푸 룩아웃을 그냥 지나치기 힘들다. 진짜 친한 이들이 오면 꼭 같이 가
자고 한다. 하와이카이에 사는 큰 매력이다.

▌ 카이저 고등학교 졸업식(23.5.20.)

하와이카이에는 재미난 지
명들이 많다. 학교 이름으로 예
를 들면, 코코헤드(Koko Head),
카밀로이키(Kamiloiki), 하하이
오네(Hahaione) 초등학교. 우
리 앞집에 사는 쌍둥이 남학
생 노아와 타이는 둘 다 '하하'
이오네 초등학교에 다닌다. 하
하. 우리 집 둘째와 셋째는 헨
리 J. 카이저(Henry J. Kaiser)
고등학교에 다녔다. 사실 동네
고등학교 이름치고는 꽤 고급
스러운 이름이다. 나는 잘 몰랐
지만, 헨리 J. 카이저는 미국에
서는 우리가 잘 아는 강철왕 앤드루 카네기만큼 유명한 사람이다. 그는 20
세기 초반 미국의 산업인으로 조선업, 건설업, 철강업, 자동차, 의료업에서
크게 성공했다. 이곳 참전용사 할아버지들 어릴 적에는 카이저 오토모빌도
있었다고 들었다. 카이저 조선소는 2차 세계대전 당시 미국의 전쟁 지원을
목적으로 '리버티선'과 '빅토리선'을 대량으로 건조해 태평양과 대서양에서
미군의 군수물자를 실어날랐다. 카이저 이름을 딴 고등학교가 여기에 있는
까닭은 그가 하와이카이 거주지역 부동산을 개발한 장본인이기 때문이다.
(찾아보니 LA에도 같은 이름의 고등학교가 하나 더 있다) 2차 세계대전 이
후 하와이로 이주한 카이저는 오아후 동쪽 바닷가 습지대를 메워 대규모 주

거지역으로 개발했다. 와이키키 최고급 리조트 힐튼 하와이언 빌리지도 그의 작품이다. 최초에는 카이저 하와이언 빌리지라고 불렸다. 하와이카이에는 그가 1959년에 지은 대주택 '카이저 에스테이트'가 있다. 1960년대 하와이를 방문한 박정희 대통령을 환영하는 리셉션도 그곳에서 열렸다고 한다. 어쩌면 하와이카이의 '카이'는 'Kai'ser에서 가져왔을지도 모르겠다.

하와이카이의 바다는 특별하다. 대부분 관광객은 스노클링 명소인 하나우마베이만 알고 있다. 하지만 조금 더 가면 할로우 코브, 샌디 비치, 와이마날로 해변 그리고 더 지나면 라니카이와 카일루아 비치까지, 한적하고 아름다운 해변들이 줄지어 나타난다. '차이나 월'과 '스피팅 케이브'는 바다를 품고 있는 하와이카이의 숨은 명소이다. 이곳은 직접 가보지 않고 글로는 설명하기 힘든 곳이다. 근거리에 있는 마카푸 트

▌샌디 비치 일출(23.1.8.)

레일 정상에서 보는 일출과 차이나 월에서 와이키키 방향으로 보는 일몰은 지역주민들만 즐기기에는 너무 아까운 명품 일상이다. 나에게는 주말 이른 아침 아내와 함께 샌디 비치에서 커피와 함께 기다렸던 일출이 잊지 못할 추억이다.

바다 못지않은 하와이카이의 매력은 바로 하이킹이다. 난이도와 소요시간대별로 이름도 재미있는 쿨리오우오우, 하나우마베이, 코코헤드, 마카푸 등대 트레일은 산과 바다와 하늘과 바람을 모두 담고 있는 멋진 하이킹 코스이다. 특별히 코코헤드 등반을 추천한다. 높이 솟은 분화구 일부인 코코헤드는 이 지역 어디서나 볼 수 있는 랜드마크이다. 코코헤드 트레일은 밑에서부터 정상까지 일직선으로 쉼 없이 올라가는 철길을 따라 만들어진 등산로이다. 그늘도 없이 좁고 가파른(심한 곳은 35도 경사) 직선 계단

1,048개를 올라가는 코스라 인기가 없을 것 같은데 늘 사람들로 붐빈다. 마치 100m 또는 3km 달리기 기록을 경신하는 것처럼 많은 사람이 코코헤드를 몇 분 만에 올라가는지 기록을 잰다. 태평양육군사령관을 마치고 주한미군사령관을 역임한 라카메라 장군은 14분 만에 코코헤드 정상까지 올라갔다고 한다. 그 이야기를 들은 한국해군의 한 제독님은 13분만에 돌파했다. 나는 아직도 21분대

■ 코코헤드 등반길(23.8.5.)

이다. 어쨌든 숨을 헐떡대며 죽기 살기로 정상에 올라가서 바라보는 하와이카이 전경은 그렇게 아름다울 수 없다. 자기 자신과 힘겨운 싸움 끝에 얻게 되는 값진 광경이라 더 아름다워 보이는 것일 수도 있다.

하와이카이에는 한국 사람들이 많이 산다. 안전하고 깨끗하고 시내와도 멀지 않으며 아이들 공립학교도 괜찮은 거주지역이기 때문이다. 하와이카이가 한국 방문객들에게 잘 알려진 또 다른 이유는 한반도 지도마을 때문이다. 하나우마베이로 올라가는 길에서 반대편으로 바라보면 산 중턱에 있는

■ 하와이카이 한반도 지도마을 야경(22.10.10.)

집들이 마을을 형성하고 있는데, 그 모양이 마치 한반도 지도처럼 생겼다. 우연의 일치겠지만 그리기에는 우리나라를 너무 많이 닮았다. 언제부터인지 모르지만, 한반도 지도마을을 보면서 사진찍기 좋은

곳에 전망대도 만들어져 있다. 오아후섬을 방문하는 한국인 관광객 체크리스트에 들어가는 주요 포인트가 되었다.

코나 브루어리는 하와이카이가 자랑하는 레스토랑이다. 하와이에 오면 대부분 로컬 맥주 대표선수 롱보드(Longboard)와 빅 웨이브(Big Wave)를 접하게 된다. 하와이 현지 브루어리 중에서 가장 유명한 곳이 코나 브루어리이다. 그 맥주를 직접 제조하여 파는 곳이 바로 하와이카이 코나 브루어리 레스토랑이다. 음식도 맛있고 물가 옆이라 분위기도 좋다. 피자가 잘 팔린다. 실제 코나는 코나

▌ 코나 브루어리 하와이카이(24.6.16.)

커피로도 잘 알려진 빅아일랜드에 있는 지명인데, 어찌 된 일인지 하와이 브루어리 중에서 가장 유명하다. 실제 하와이에는 코나 브루어리 외에도 마우이, 와이키키, 빅아일랜드, 알로하, 호놀룰루, 비어랩, 하나코아 등 로컬 브루어리가 정말 신나게 많다. 롱보드는 라거 맥주이고 빅 웨이브는 골든 에일이다. 나는 그보다는 진한 쿠아 베이(Kua Bay) IPA 또는 시트러스 향이 약간 가미된 아일랜드 IPA 하날레이(Hanalei)를 좋아한다. 요즘은 한국 편의점에서도 롱보드나 빅 웨이브를 살 수 있다고 들었다. 하지만 하와이카이 코나 브루어리에서 막 제조한 드래프트 맥주와 비교할 수 있겠나.

군생활 대부분 군 관사에서 살아온 내게 지난 3년 하와이카이의 삶은 과분하게 감사한 생활이었다. 물론 출근길이 좀 멀고 종종 예기치 못한 트래픽으로 곤란한 상황도 있었으나, 이곳을 집이라고 말할 수 있는 것이 감사했다. 앞서 소개한 비치, 하이킹, 브루어리 말고도 5분 거리에 (내 몸의 95% 이상을 차지하는) 코스트코가 있고 또 5분 거리에 바닷가를 연한 하와

이카이 골프코스도 있다. 물론 베트남 쌀국수집도 있다. 얼마 전까지는 내가 지난 2년 동안 개봉작을 챙겨본 영화관도 있었다. 손님이 줄어 아쉽게도 문을 닫기는 했지만. 무관 생활을 하면서 매일 출퇴근하고 가족 모두와 함께 감사한 시간을 보낸 곳이다. 노후에는 한반도 지도마을 강원도 변두리쯤에 집이라도 하나 얻었으면 하는 꿈을 꿔본다.

_____ *24.4.30.*

Part
02

태평양
군사사 篇

태평양 전쟁과
하와이 태평양사령부의 시작
캠프 스미스 인도태평양사령부 이야기 하나

좀 딱딱한 군사(軍事) 이야기이다. 하지만 나에게는 가장 흥미진진한 분야이다. 무엇보다도 이곳 하와이에 나의 무관부가 존재하는 이유이기도 하다. 바로 하와이를 상징하는 미군 통합전투사령부 인도태평양사령부에 관한 이야기이다.

미군은 부대명을 다양한 방법으로 호칭한다. 부대 명칭은 각 군과 합동부대를 통틀어 무슨 무슨 베이스(Base) 또는 조인트 베이스(Joint Base)가 일반적이다. 육군부대들은 과거부터 사용해 왔던 캠프(Camp), 포트(Fort), 배럭스(Barracks), 또는 디포(Depot)를 쓰기도 하고 해·공군은 스테이션(Station) 또는 필드(Field)를 함께 쓰기도 한다. 대부분은 부대 이름이 붙여질 당시 유명했거나, 또는 그 부대창설에 기여한 군인 이름을 부대명으로 사용한다.

하와이무관으로 근무하며 가장 많이 방문했던 미군부대가 바로 캠프 스미스(Camp Smith)이다. 주로 한국에서 방문한 주요 인사들과 인도태평양사령관 면담을 위해서였다. 캠프 스미스는 진주만 인근 아이에아 할라와 언덕 해발 200m 지점에 있다. 인태사령관 집무실에 가면 진주만과 포드 아일랜드 전경이 한눈에 들어온다. 캠프 스미스는 와이키키에서 서쪽으로 운전하면 20분 정도 거리에 있다. H1 도로를 타고 가다가 정면에 와이아나이 산맥이 멀리 보이기 시작하고 알로하 스테디엄이 나타난 지점에서, 고개를 오른쪽으로 돌려 보면 산 중턱에 대형 성조기가 보이는 곳이 캠프 스미스이다.

캠프 스미스는 1940~1941년 아이에아 인근 사탕수수 농장을 군이 매입하여 해군병원을 만들면서 시작되었다. 2차 세계대전 기간 태평양 전역에서 수만 명이 넘는 부상자들이 아이에아 해군병원을 거쳐 본토로 후송되었다. 1945년 2~3월 이오지마 전투 기간에는 5,700여 명의 환자가 이곳에서 동시에 치료를 받았다고 한다. 전쟁이 끝나고 1949년 하와이 내 육군과 해군병원들은 트리플러 육군병원으로 통합된다. 구 해군병원 건물에는 1955년 현 태평양해병대사령부의 전신인 태평양함대해병대사령부(Fleet Marine Forces Pacific)와, 1957년 현 인도태평양사령부의 전신인 태평양사령부(Pacific Command)가 들어온다. 두 사령부는 2000년대 초반까지 건물을 같이 사용하다가, 2004년 태평양사령부는 바로 앞에 신규 건축한 '니미츠-맥아더 태평양지휘센터' 건물로 이전한다. 처음 태평양해병대사령부를 방문할 때 건물의 통로와 격실 구조가 일반적이지 않고 특이했던 기억이 난다. 80년 전 태평양 전쟁 당시 부상자들을 치료했던 병실과 수술실을 지금은 사무실로 쓰고 있는 셈이다. 매번 나를 안내해 준 사령관 보좌관은 그 건물에 설치된 하나뿐인 귀빈 엘리베이터를 태워주면서, 오아후섬에서 두 번째로 오래된 승강기라고 자랑을 했었다.

미국의 대부분 부대명이 그러하듯 캠프 스미스도 미군의 역사적 인물에서 가져왔다. 미 해병대 대장으로 예편한 홀랜드 스미스(Holland McTyeire "Howlin' Mad" Smith, 1882~1967) 장군이다. 그의 이름 H.M을 딴 "Howlin' Mad"는 성격이 불같이 급했던 스미스 장군에게 부하 해병들이 지어준 별명이라고 한다. 동시대를 살았고 우리에게도 친숙한, 6·25 전쟁 인천상륙작전과 장진호 전투에 참전한, 미 해병대 1사단장 올리버 스미스(Oliver Prince Smith, 1893~1977)와는 다른 인물이다. 6·25 전쟁사에 익숙한 분들은 나에게 캠프 스미스가 올리버 스미스의 이름을 딴 부대냐고 물어보는 경우가 종종 있었다. 우연의 일치인지 모르지만 두 사람은 모두 미 해병 1사단장 출신이다. 홀랜드 스미스는 1941년 제1대 해병 1사단장을 역임했고 올리버 스미스는 1950년 당시 제11대 사단장이었다. 장진호 전투의 영웅 올리버 스미스도 해병대 대장으로 예편했다.

H.M 스미스 장군은 근대 미국 상륙전의 아버지로 불리는 전설적 인물이다. 태평양 전쟁 당시 그는 태평양함대 예하 모든 상륙전력을 책임지는 5상륙군단(V Amphibious Corps) 사령관이었다. 1944년 그는 태평양함대사 예하 첫 태평양함대해병대사령관으로 임명되었다. 당시 그는 6개 해병사단과 5개 비행단 등 해병대 병력 약 50만 명을 지휘했다. 1944년 일본으로부터 마리아나 제도와 괌을 다시 탈환한 것도 그가 지휘한 통합원정군이었다. 1945년 이오지마 전투에서도 스미스 장군이 태스크포스56을 직접 지휘했다. 이오지마 전투를 다룬 2006년 클린트 이스트우드 감독의 영화 '아버지의 깃발(Flags of Our Fathers)'에도 스미스 장군이 등장한다. 1955년 태평양함대해병대가 아이에아 지역으로 이전할 당시 부대명을 '캠프 스미스'로 정한 것에는 이견이 없었을 것이다. 2년 뒤 1957년 태평양사령부도 캠프 스미스로 들어오게 된다. 현재의 인도태평양사령부 부대명이 미 해병대 대장 출신 이름을 갖게 된 역사적 배경이다.

시간을 거슬러 1947년 태평양사령부 창설 이전인 태평양 전쟁 시기로 돌아가 보자. 1942년 태평양 전쟁 당시 태평양지역 미군은 육군의 맥아더 장군이 지휘하는 남서태평양지역(SWPA, South West Pacific Area)과 해군의 니미츠 제독이 지휘하는 태평양해양지역(POA, Pacific Ocean Areas) 2개 사령부로 나누어져 있었다. 니미츠 제독은 태평양함대사령관으로 태평양해양지역사령관을 겸임했다. 미 육군과 해군의 불화로 인해 전쟁이 끝날 때까지 태평양 지역에 통합된 미군 지휘체계를 만드는 것은 불가능했다고 하다. 전후 니미츠 원수(Fleet Admiral)는 기존 보직을 유지하고, 맥아더 원수(General of the Army)는 새로운 직책인 태평양육군사령관에 보직된다.

1947년 트루먼 대통령은 국가안보법을 제정하면서 미군에 7개의 통합사령부를 창설한다. 태평양 지역에 창설된 최초의 통합사령부는 극동사령부(FECOM, Far East Command), 태평양사령부(PACOM, Pacific Command), 그리고 알래스카사령부(ALCOM, Alaskan Command) 3개였다. 그 외 4개는 동북사령부(Northeast Command), 미 대서양함대(US Atlantic Fleet), 캐리비언사령부(Carribean Command), 유럽사령부(European Command)였다. 1947년부터 현재까지 미군은 통합사령부 운영을 위해 통합지휘계획(UCP, Unified Command Plan)을 발전시켜 왔다. UCP는 미국 통합전투사령부의 임무, 책임, 작전구역을 규정하는 전략문서로 미 합참에서 2년 주기로 업데이트한다. (UCP는 다음 이야기에서 더 자세히 다룬다)

한반도와도 연관이 깊은 미 극동사령부의 초대 사령관은 맥아더 장군이다. 1대 알래스카 사령관은 크레이그(Howard A. Craig, 1897~1977) 육군항공/공군소장이었고 1대 태평양사령관은 타워즈(John Henry Towers, 1885~1955) 해군대장이었다. 타워즈 제독은 니미츠 제독의 후임 태평양함대사령관이었다. 따라서 그는 31대 태평양함대사령관인 동시에 1대 태평양사령관이다. 참고로 미 태평양함대사령부는 1907년에 창설되어 캘리포니아 샌디에이고/롱비치 지역에 있다가, 1940년 초 일본의 세력확장 대응을 위해 하와이 진주만으로 이전했다. 타워즈 제독은 미 해군 항공을 창설한 사람으로 알려져 있다. 그는 1939~1942년 해군 항공국장으로 근무하고 2차 세계대전 기간에는 항모강습단을 지휘했다. 그는 태평양함대항공사령관으로 전쟁 기간 니미츠 제독의 부사령관과 항공작전 참모 역할을 했다. 현재 인태사 건물에는 그의 이름을 딴 대형 강의실이 있다.

극동사령부는 우리와도 친숙하다. 1950년 6·25 전쟁 발발 당시 맥아더 장군은 일본 점령군사령관(GHQ)이면서 초대 극동사령관(1947~1951)이었다. 미 트루먼 대통령의 6·25 전쟁 참전 결정과 유엔안보리 결의안(UNSCR 82~85)으로 다국적 사령부인 유엔군사령부(United Nations Command)가

1950년 7월 동경에 창설된다. 맥아더 장군이 초대 유엔군사령관으로 임명된다. (맥아더 장군 이후에는 매튜 리지웨이와 마크 클라크 육군대장이 유엔군사령관을 역임했다) 일본의 극동사령부 대부분 전력은 유엔군사령관에게 할당된다. 극동사의 임무는 일본 방어로 남겨졌다. 6·25 전쟁 당시 태평양사령부의 역할은 유엔사와 극동사를 지원하는 것이었다. 1953년 6·25 전쟁 정전과 전후 일본 재건이 마무리되면서 극동사령부의 역할이 감소한다. 1957년 극동사령부는 해체되고 태평양사령부로 통합된다. 동경에 있던 유엔군사령부도 같은 해 미 8군과 함께 서울(용산)로 이전한다. 한국과 일본에는 태평양사 예하 부대로 주한미군사령부와 주일미군사령부가 창설된다. 1975년에는 알래스카사령부도 해체된다. 1947년 태평양지역에 창설된 3개의 사령부가 결국 태평양사령부 예하로 통합된 것이다.

인태사를 안내할 때마다 태평양사와 태평양함대사의 역사적 관계를 질문하는 분들이 많았다. 일반적으로는 상위부대인 태평양사가 먼저 생기고 태평양함대사가 나중에 생겼다고 생각하기 쉬우나 그렇지 않다. 앞서 설명한 바와 같이 태평양함대사의 역사가 훨씬 길다. 1947년 태평양사령부 창설 당시에는 태평양사와 태평양함대사 모두 현재 태평양함대사가 위치한 진주만 마칼라파 지역에 있었다고 한다. 태평양사령부가 창설된 이후 첫 10년 동안에는 태평양함대사령관이 태평양사령관의 역할을 겸임했다. 조직상 직책은 있었으나 사령부의 실체는 없었다고 볼 수 있다. 1957년에 이르러 캠프 스미스에 태평양사령부가 만들어지면서, 1958년부터는 별도의 해군대장이 태평양사령관 직책을 수행한다. 당시 태평양함대사령관이었던 스텀프(Felix B. Stump) 대장이 단독 태평양사령관이 되고, 태평양함대부사령관이던 커츠(Maurice E. Curts) 대장이 단독 태평양함대사령관이 되었다. 실질적인 캠프 스미스 미 태평양사령부의 시작이다.

70여 년이 흘러 2024년 4월 기준 아퀼리노 제독(John C. Aquilino, 2021~2024)은 26대 인도태평양사령관이다. (태평양사가 인도태평양사로 명칭이 변경된 과정은 다음 이야기에서 다룬다) 2024년 5월 3일 전 태평양함대사령관 파파로 제독이 제27대 인도태평양사령관으로 취임한다. 합동군을 지휘하는 인도태평양사령관은 육·해·공·해병대 어떤 군종도 맡을 수 있으나, 현재까지 해군이 아닌 사령관은 한 번도 없었다. 아퀼리노 제독과 파파로 제독은 모두 항공모함 탑재 해군 전투기(F-14/18) 조종사이며, 우리에게 영화로 잘 알려진 '탑건' 출신이다. 해군항공을 창설한 1대 사령관 타워스 제독의 영향일까. 물론 그들은 항모함장과 항모강습단장도 역임한 '뱃사람'이다.

학습과 기록을 남기는 작업이 생각보다 길어졌다. 캠프 스미스와 태평양사령부 창설 배경을 마무리한다. 단편적으로만 들었던 미국 태평양사령부 역사에 대한 궁금증이 조금은 해소되었길 바라며, 다음 편에서는 21세기 미국의 통합전투사령부 인도태평양사령부에 관해 이야기하고자 한다.

_____ *24.4.27.*

태평양 국가 미국의 국가전략부대
캠프 스미스 인도태평양사령부 이야기 둘

2018년 5월 30일 하와이 진주만 K-부두, 제24와 25대 태평양사령관 이 취임식이 진행되고 있다. 임석 상관은 매티스(James N. Mattis) 미 국방장 관이다. 해리스(Harry B. Harris) 제독이 물러나고 신임 사령관 데이비슨 (Philip S. Davidson) 제독이 취임하는 자리다. 매티스 장관은 이 자리에서 오늘부로 '태평양사령부'의 명칭을 '인도태평양사령부'로 변경한다고 발표 한다. 이유는 태평양과 인도양의 연계성이 깊어지고 있으며, 두 대양과 그 안에 있는 국가들이 태평양사 책임구역이기 때문이라고 설명한다. 2차 세 계대전 직후인 1947년 창설된, 미국의 가장 오래되고 가장 넓은 작전구역 을 책임지는 태평양사령부의 명칭이 70년 만에 인도태평양사령부로 바뀌 게 된 것이다.

그 날은 일본에서 시작되고 결국 미국이 수용한 '인도태평양'이라는 새 로운 지역 개념이 미국의 국가전략으로 공식화되는 날이었다. (트럼프 행정 부는 2019년 11월 미국의 인도태평양전략을 공식적으로 발표한다) 미국은 일주일 전인 5월 23일 격년제로 하와이에서 열리는 세계 최대 해상연합훈 련 림팩훈련에 중국해군 초청을 '취소'했다. 중국해군은 2014년과 2016년 림팩훈련에 두 번 참가했었다. 2012년 오바마 행정부에서 시작된 아태지 역 '재균형' 정책이 패권도전국으로 급성장한 중국에 대한 '전략적 경쟁' 정 책으로 완성된 것이다. 한편 2007년 일본의 아베 총리 주도로 결성된 미국, 일본, 호주, 인도 4개국 전략안보대화 쿼드(QUAD)도 중국의 태평양 진출을 봉쇄하는 안보협력체로 다시 주목받고 있다. 필자가 2021년 무관으로 부임하기 전부터 하와이 인도태평양사령부를 중심으로 진행되고 있던 국제질서 변화과정이다.

인태사령부는 미국의 태평양 지역 국가대전략을 실행하는 부대이다. 미국의 7개 지역 통합전투사령부 중 하나인 인태사를 이해하기 위해 미국의 통합지휘계획(UCP, Unified Command Plan)에 대한 설명이 필요하다. UCP는 전투사령관의 임무와 책임, 지휘관계와 전력 할당, 그리고 작전 책임구역을 규정하는 전략문서이다. 미 합참에서 2년 주기로 검토하고 갱신하는 비밀문서이며, 국방장관과 대통령이 승인한다. 2024년 현재 미군에는 총 11개 통합전투사령부가 있다. 그중 지역사령부는 인태사, 유럽사, 북부사, 남부사, 중부사, 아프리카사, 그리고 우주사(2019년 창설) 7개이다. 기능사령부는 전략사, 수송사, 특수전사, 사이버사(2014년 창설) 4개이다. 지역사령부는 지구 전체를 지역별로 구분한다. 우주사는 지구 상공 100km 이상 전부를 책임구역으로 한다. 기능사령부는 맡은 기능에 따라 지리적 경계 없이 작전권한과 책임을 갖는다.

UCP의 시작은 미국이 유럽과 태평양에서 수행한 2차 세계대전의 경험과 교훈에서 비롯되었다. UCP 발전의 중요한 변곡점은 다음과 같다. 1946년 최초의 UCP인 개략지휘계획(OCP, Outline Command Plan), 1947년 국가안보법(NSA), 1958년 국방부재조직법, 그리고 1986년 골드워터-니콜스 국방부재조직법이다. 2차 세계대전 당시 유럽 전구 지휘는 아이젠하워 연합원정군최고사령관에 의해 어느 정도 통합되어 있었다. 하지만 태평양 전구는 맥아더 장군이 지휘하는 육군과 니미츠 제독이 지휘하는 태평양함대로 구분되어 있었고 통합사령부를 창설하려는 어떠한 노력도 허사로 돌아갔다.

전후 트루먼 대통령은 다음과 같이 회고했다. "미국은 다시는 지난 두 번의 방식으로 전쟁을 수행해서는 안 된다. 만약 미 육군과 해군이 서로 싸웠던 것처럼 그들이 적군과 싸웠다면, 전쟁은 훨씬 빨리 끝났을 것으로 생각한다." 1946년 OCP가 나오게 된 배경이다. OCP는 '전후 임시방안'이라는 제목으로 7개 통합사령부 설립을 명시한다. 하지만 이는 육군과 해군의 절충안이었고 심지어 7개 통합사 중 하나였던 대서양함대사는 엄밀한 의미의 통합사령부도 아니었다.

이후 미국의 UCP는 안보 상황과 각 군, 국방부, 행정부에 따라 어떤 경우는 급격하게 어떤 경우는 완만한 변화과정을 거쳐왔다. 1947년 국가안보법 제정으로 공군, CIA, 국방부, 그리고 통합전투사령부가 창설되었다. 유럽 최고사령관 출신 아이젠하워 대통령은 1947년 국가안보법을 변경하지는 않았으나, 1958년 국방부재조직법을 통해 통합사령부 지휘 관계를 '대통령-국방장관-통합전투사령관'으로 일원화하여, 통합전투사령관의 지휘권을 강화했다. 1986년 골드워터-니콜스 국방부재조직법은 각 군의 계획/협조 미흡으로 실패한 이란 피납구출작전(1980), 그레나다 침공(1983)의 후속 조치였다. 당시 미군 내 '합동성'에 대한 새로운 차원의 노력이 필요하다고 인식되었다. 합참은 2년 이내 주기로 전투사령부의 임무, 책임, 전력구조, 지리적 범위를 검토하고 장관과 대통령의 승인을 받도록 법제화했다. 결과적으로 합참과 전투사의 권한이 강화되고 전투사가 직접 의회와 국방부 예산수립 과정에 참여하는 계기가 마련된다. 이처럼 UCP는 전 세계 현장에서 미국의 군사전략을 실행하는 통합전투사의 발전사를 담고 있다.

다시 인태사로 돌아와 보자. 인태사의 지리적 책임구역을 일컫는 표현으로 "할리우드에서 볼리우드까지, 북극곰에서 펭귄까지"라는 문구가 있다. 인태사 작전구역은 동서로는 인도 서쪽 경계선부터 미국 캘리포니아 해안까지, 그리고 남북으로는 남극에서부터 북극까지이다. 지구의 52%를 차지하고 통합전투사 중 유일하게 나머지 5개 지역사와 경계면을 갖는다. 인태사 책임구역에는 전 세계 인구 절반이 살고 있으며, 16개 시간대에 40여 개 국가가 3,000여 개 언어를 사용한다. 세계 최대 인구를 가진 중국과 세계 최대의 민주주의 국가 인도, 세계 최대의 이슬람 국가 인도네시아, 그리고 1, 2위 경제 대국인 미국과 중국이 있다. 군사적으로는 세계 10위권 군사 대국 6개국, 공식 핵무기 보유 5개국, 미국의 조약동맹국 7개 중 5개국 등 군사력 밀집도가 매우 높다. 미 국방전략이 규정한 4개 위협국 러시아, 중국, 북한, 이란 중 세 나라가 있으며, 무엇보다도 미국이 만든 국제질서를 무너뜨릴 수 있는 유일한 패권도전국 중국이 있다. 한마디로 다양성과 복잡성, 위험성이 동시 복합적으로 존재하는 지역이다.

▌인태사 작전구역
출처: 인태사 홈페이지

2024년 4월 현재 인태사령관은 해군대장 아퀼리노 제독이며, 주요 예하부대로는 육·해·공·해병대·우주군 구성군사령부와 주한미군사령부, 주일미군사령부가 있다. 육·해·공군 구성군사령관과 주한미군사령관은 4성 장군이다. 하와이에는 미군 장성 60여 명이 근무하고 있으며, 이는 미군 전체 장성 수의 10% 수준이다. 인태지역 내 예하 병력은 약 375,000명이며, 날짜변경선 서쪽에 40개, 동쪽에 26개 등 총 66개의 부대가 있다. 하와이 오아후섬은 6개 지역 통합전투사령부 중에서 유일하게 통합전투사령부와 예하 구성군사령부, 그리고 육·해·공·해병대 전력이 모두 함께 전개하고 있는 곳이다. 진주만기지에는 해군함정이, 히컴기지에는 공군 전투기가, 카네오헤 해병기지에는 해병대 여단급 병력과 비행단이, 스코필드 배럭스에는 육군 보병사단이 배치되어 있다. 한마디로 미군의 모든 군종과 병과, 그리고 무기체계 대부분을 접할 수 있는 곳이 바로 하와이 오아후섬이다.

인태사령부는 캠프 스미스 부대 안에 있는 니미츠-맥아더 태평양지휘센터에 위치한다. 태평양사는 태평양해병대사와 함께 구 해군병원 건물을 30년 동안 쓰다가, 2004년 현재 건물로 이사했다. 당시 신청사 건축을 위해 일본계 하와이 상원의원 이노우에 의원이 힘을 많이 썼다고 들었다. 인태사는 합동부대지만 해군의 색깔이 진하다. 지난 80년간 취임한 26명의 사령관은 모두 해군장교였다. 우리에게도 잘 알려진 존 매케인 상원의원의 아버지 매케인(John S. McCain Jr.) 제독도 태평양사령관(1968~1972)을 역임했다. 현 아퀼리노 제독의 후임 파파로 제독처럼, 대개 태평양함대사령관을 마치고 이어서 인태사령관에 보직된다. 당연히 사령부 건물명도 맥아더-니미츠가 아닌 니미츠-맥아더이고 이곳에서는 이를 상식으로 생각한다.

태평양 전쟁은 일본의 하와이 진주만 공습에서 시작되었고 이후 태평양의 대부분 바다와 도서에서 치열한 전투가 벌어졌다. 하와이 림팩훈련은 전 세계에서 가장 규모가 큰 다국적 연합해상훈련이다. 미국은 필요할 경우 태평양 작전해역에 두세 개의 항모강습단을 운영한다. 이처럼 인태사가 주도하는 작전과 훈련의 많은 부분은 태평양의 광활한 바다에서 진행된다. 예나 지금이나 정도의 차이는 있으나, 인태사령관이 작전을 지휘하는데 태평양의 넓은 면적은 중요한 고려사항이다. 지휘관들은 이를 '거리의 독재(tyranny of distance)'라고 표현한다. 미국은 2차 세계대전 이후 80여 년 동안 태평양의 바다를 지배해왔고 미국 중심의 법과 규범, 질서를 구축해왔다. 그 질서가 지금 도전받고 있다. 인태사는 평상시 그 도전을 억제하고 만약 억제가 실패했을 경우 동맹국과 연합하여 적과 싸워 이기도록 준비한다. 인태사는 태평양 국가인 미국의 국가대전략을 실행하는 부대이기 때문이다.

_____ *24.4.28.*

미 태평양함대와 체스터 니미츠 제독
태평양 해군의 모항(母港) 진주만 해군기지

진주만을 간략히 설명하기는 쉽지 않다. 너무 많은 것을 포함하고 상징하기 때문이다. 진주만은 하와이 미 해군이 배치된 물리적 공간이며, 전후 세계질서를 만들어 낸 태평양 전쟁이 시작된 역사적 시점이다. 나의 무관부가 하와이에 있는 이유이며 무관생활의 중요한 업무영역이기도 하다. 전 세계에서 가장 강력한 함대인 미 태평양함대가 위치하고 마찬가지로 전 세계에서 가장 큰 해군 연합훈련인 림팩훈련이 열리는 곳이다. 70년 역사를 가진 우리해군 순항훈련전단이 가장 많이 방문한 기항지다. 우리 세대와 자녀 세대에는 영화 진주만(2001)과 배틀쉽(2012), 그리고 미드웨이(2019)의 배경으로 알려진 곳이다. 아버지 세대로부터 도라도라도라(1970)와 원작 미드웨이(1976) 이야기를 많이 들었다. 이처럼 진주만은 20세기 세계사와 국제관계, 군사사와 해군사를 모두 담고 있는 곳이다. 무엇보다도 우리가 사는 21세기 절대 패권국가 미국의 해군력을 과시하는 현장이다.

하와이 말로 진주만은 '와이모미(Wai Momi)'라고 불렸다. '진주의 물'이라는 뜻이다. 진주조개가 많이 났던 곳이었다. 미국의 진주만 해군기지 역사는 1898년 미서전쟁 결과로 인한 미국의 필리핀과 괌 획득, 그리고 이어진 하와이 영토편입과 함께 시작된다. 당시 하와이는 패권국가로 부상하기 시작한 미국의 아시아 지역 진출을 위한 중간기착지이자 전방기지였다. 해양국가 미국은 큰 상선들과 군함들을 운영하기 시작했고 태평양 중앙에 있는 천혜의 항구 진주만은 대형함정의 정비와 정박, 재보급을 위한 최적의

지리적, 공간적 조건을 가지고 있었다. 진주만은 1899년 호놀룰루 해군기지, 1900년 하와이 해군기지라는 이름으로 시작된다. 1908년에는 진주만 해군조선소가 만들어진다. 당시 미 해군성의 의도는 진

포드 아일랜드 관제탑 위에서 바라본 진주만 해군기지 전경 (23.12.23.)

주만에도 대형함정 건조와 정비를 위한 건선거(乾船渠, dry dock)를 건설하는 것이었다. 미국은 이미 서부해안 샌프란시스코 메어 아일랜드(Mare Island)와 시애틀 푸젯 사운드(Puget Sound)에 해군조선소를 가지고 있었다. 1919년에 진주만에 첫 번째 드라이독이 완공된다. 이후 1930년대까지 진주만은 해군조선소를 중심으로 발전하게 된다.

진주만의 국제정치적 함의는 1930년대 일본의 세력 확장에서 비롯된다. 제국주의 일본은 1931년 만주사변과 1937년 중일전쟁을 일으킨다. 1940년 유럽에서 파리가 함락된 이후, 일본은 독일, 이탈리아와 상호방위협정을 맺고 아시아의 프랑스령 인도차이나 일부를 점령한다. 이로 인해 루즈벨트 대통령은 미국의 대일본 원유 수출을 전면 중단한다. 또한, 일본의 원유와 전쟁물자 수

1941년 가을 일본의 세력 확장(22.8.16.)
출처: Pearl Harbor National Memorial

숏을 규지하고 해외자산을 동결시킨다. 일본 제국주의 확장에는 미국이 원유가 필수였고, 대안으로 고려되던 동남아지역 원자재 획득을 위해서는 결국 미국과 군사적 대결이 불가피했다. 미국은 1940년 봄부터 남캘리포니아에 전개하고 있던 태평양함대 전력을 하와이 진주만으로 이전하기 시작한다. 일본의 태평양 진출을 억제하고 대비하기 위해서였다. 일본은 미국과 외교협상을 하는 동시에 진주만 공격을 준비한다. 일본 지도자들은 진주만 기습공격으로 미국의 태평양함대를 파괴하면, 적어도 일본이 아시아 제국 건설을 끝낼 때까지 미국을 붙잡아 둘 수 있을 것으로 판단했다.

1941년 12월 7일 일요일, 일본의 진주만 공습은 이후 세계질서를 형성하는 역사적 시점이 된다. 당일 아침 오아후섬 북방 200여 마일에 있던 일본 항모 6척에서 350여 대의 항공기가 두 번에 걸쳐 출격하여 진주만을 기습 공격한다. 이로 인해 진주만에 정박 중인 미 해군 전함 등 군함 20여 척이 손상을 입거나 침몰하고, 항공기 300여 대가 파손된다. 그 날의 처참함은 영화 '진주만(2001)'과 '미드웨이(2019)'에 잘 묘사되어 있다. (진주만 공습 세부내용은 애리조나함편 참고) 우리에게는 이날이 진주만 공습일로 알려져 있으나, 실제 일본은 진주만과 함께 미국령 웨이크섬, 괌, 필리핀, 영국령 말라야, 태국, 싱가포르, 홍콩 등을 거의 동시에 공격했다. 루즈벨트 대통령은 다음날 의회 연설에서 12월 7일을 '치욕의 날'로 선언하고 일본에 선전포고한다. 고립주의를 추구하던 미국이 드디어 2차 세계대전에 참전하게 된 것이다. 4년 후 1945년 9월 2일 동경 만에서 일본이 항복문서에 서명하기까지, 진주만 해군기지는 태평양의 해전을 지휘하고 미군 전력을 투사하는 태평양함대사령부의 핵심기지였다.

미 태평양함대사령부의 역사는 1900년대 초부터 시작된다. (인태사편에서 설명한 바와 같이) 1947년 창설된 태평양사령부보다 40년이 앞선다. 1907년 미 해군은 서태평양지역에 운영하던 아시아전대(Asiatic Squadron)와 태평양전대(Pacific Squadron)를 합쳐 태평양함대(Pacific Fleet)를 창설한다. 당시 태평양함대 예하 함정들은 롱비치 해군조선소 인근 샌 페드로(사령부, 전함, 항모, 중순양함)와 샌디에이고(경순양함, 구축함, 잠수함)에 배치되어 있었다. 1922년 미 해군은 태평양함대와 대서양함대를 합쳐 미국함대(United States Fleet)를 창설한다. 당시 주요전력인 전투함대는 태평양지역에 위치하고 대서양 쪽에는 정찰함대만 배치되었다. 1941년 2월 1일 미 해군은 다시 미국함대를 태평양함대, 대서양함대, 아시아함대로 분리한다. 아시아함대는 필리핀에 배치한다. 캘리포니아의 태평양함대사령부는 진주만으로 이전한다. 미 해군은 이미 1940년 봄부터 태평양함대 소속 군함들을 진주만으로 보내고 있었다. 당시 세 명의 4성 제독 함대사령관은 누구나 해군성 장관과 대통령에게 직접 보고할 수 있는 권한을 가졌다고 한다. 다만 2개 이상의 함대가 함께 임무 수행할 경우를 대비하여, 함대사령관 중 한 명은 미국 함대사령관을 겸임하도록 했다.

진주만 공습 당시 미국 함대사령관을 겸임했던 태평양함대사령관은 킴멜(Husband E. Kimmel) 대장(1882~1968)이었다. 태평양함대는 예하에 각각 3성 제독이 지휘하는 전투전력(Battle Force)과 정찰전력(Scouting Force) 부대를 운영했다. 전투전력 전단은 전함부대(전함 9척)와 항모부대(항모 3척), 순양함/구축함부대를 보유했고, 정찰전력 전단은 순양함과 초계항공기, 잠수함을 운영하고 있었다. 진주만 공습으로 인해 해상훈련 중이었던 항모 3척을 제외하고 정박해 있었던 대부분 군함은 피해를 받았다. 진주만 공습에 대한 책임으로 킴멜 제독은 사령관 보직에서 해임되고, 이후 2성 제독으로 강등 후 전역한다. 루즈벨트 대통령은 당시 2성 제독이었던 잠수함 병과 체스터 니미츠(Chester W. Nimitz, 1885~1966) 소장을 바로 4성 대장 계급으로 진급시켜, 신임 태평양함대사령관으로 임명한다. 당시 그는 28명의 선배 장성들을 뛰어넘어 대장으로 진급되었다고 한다. 56세 신임 태평양함대사령관인 니미츠에게 태평양 전쟁 수행의 막중한 짐이 맡겨진 것이다.

미국은 태평양 전구를 태평양해양지역(Pacific Ocean Areas), 남서태평양지역(South West Pacific Area), 남동태평양지역(South East Pacific Area) 3개 지역으로 나누어 전쟁을 수행하려고 했다. 니미츠 제독은 태평양해양지역사령관으로 태평양의 모든 해전을 지휘한다. 육군 중심의 남서태평양지역사령관은 맥아더 장군에게 맡겨졌다. 남동태평양지역사령부는 결국 참설되지 못했다. 니미츠 제독이 지휘한 산호해 해전(1942.5.4.~8.)과 미드웨이 해전(1942.6.4.~7.)은 진주만 공습 직후 전력의 수세에도 불구하고 일본 항모를 여러 척 침몰시키고 전세를 역전시킨 해전이었다. 이후 필리핀해 해전(1944.6.19.~20.)과 레이테만 해전(1944.10.24.~26.)은 일본 연합함대를 결정적으로 패배시키고 잔여 전력을 전멸한 해전이었다.

최근 하와이를 방문하셨던 전 해군참모총장 정호섭 제독님께서 니미츠 제독의 태평양 전쟁 당시 에피소드를 많이 알려주셨다. 특히 태평양 전쟁의 본질은 '거리와 군수와의 전쟁'이었고 니미츠 제독은 이를 위해 3대 비밀병기인 '이동서비스전대, 해상보급, 해군건설대'를 운영했다고 하시면서, 이는 현재 미중 해양패권경쟁에도 중요한 함의가 있다고 하셨다. 나로서는 태평양 전쟁과 니미츠 제독 전문가이신 전 총장님께 많이 배우는 시간이었다.

▌ 니미츠 제독 동상 앞에서 정호섭 제독님(24.1.16.)

1944년 12월 미 의회와 루즈벨트 대통령은 합참의장 리히(William D. Leahy) 제독과 해군총장 킹(Ernest J. King) 제독, 그리고 니미츠 제독 3명에게, 함대 제독(Fleet Admiral)으로 호칭하는 원수(5성) 계급을 부여한다. 미 해군역사상 함대 제독은 위 3명과 이후 1945년 12월에 결정된 할시(William Halsey, Jr.) 제독까지 단 4명뿐이었다. (미군에서 원수 계급을 받은 군인은 총 9명이다) 할시 제독은 태평양 전쟁 당시 3함대사령관으로 과달카날, 솔로몬제도, 레이테만 해전을 현장에서 지휘했다. 그의 원수 계급 선정 시, 할시 제독과 그의 후임이었던 스프루언스(Raymond Spruance) 제독 간에 치열한 경쟁이 있었다고 한다. 해군 5성 제독은 법적으로 전역을 하지 않으며, 죽을 때까지 현역 신분을 유지한다.

1945년 1월 니미츠 제독은 사령부를 진주만으로부터 전방인 괌으로 이전하고 남은 기간 그곳에서 태평양 전쟁을 지휘한다. 부인 캐서린 여사는 전쟁 전 기간 본토에 거주했고 니미츠 제독은 부인에게 많은 편지를 남겼다고 한다. 니미츠 휘하 태평양함대 전력은 이오지마(1945.2.19.~3.26.)와 오키나와(1945.4.1.~6.23.) 상륙작전을 지원한다. 이후 미국의 일본본토 침공은 맥아더 장군의 총지휘 하에 이루어진다. 1945년 9월 2일 동경만에 정박한 미주리함 함상에서 연합국을 대표해 맥아더 장군이 가장 먼저 일본의 항복문서에 서명하고 이어서 미국을 대표한 니미츠 제독이 서명한다. 전쟁 직후 미 해군은 총 6,800여 척의 군함을 보유하고 있었고 대부분은 태평양 지역에 배치되어 있었다.

전후 니미츠 제독은 킹 제독에 이어, 제10대 미 해군참모총장으로 취임한다. 해군총장 당시 그는 잠수함장교 릭오버(Hyman G. Rickover) 대령의 권고를 수용하여 세계 최초의 원자력추진잠수함 노틸러스함을 건조하고 미 해군의 잠수함 전력을 디젤에서 원자력추진으로 완전히 전환한다. 1966년 세상을 떠난 니미츠 제독은 가장 늦게까지 생존한 함대 제독이었다.

현재 진주만 해군기지 맞은편 마칼라파로(路)에 있는 태함사 본관 1층에는 니미츠 제독 역사관이 있다. 그곳은 태평양 전쟁 당시 니미츠 제독의 사무실이었다. 그곳에서 나는 니미츠 제독이 잠수함 장교이고 담배를 즐겨 폈으며, 사고로 인해 왼손 약지가 없는 것을 알게 되었다. 마칼라파 37번지는 니미츠 제독이 살았던 관사이다. 지금도 태함사령관의 관사로 사용되며 '니미츠 하우스'로 불린다. 태평양 전쟁 내내 니미츠 사령관은 시간이 날 때마다 관사 정원에서 편자(홀스슈) 던지기를 했다고 한다. 일본과 중요한 해전의 결과와 아군의 피해를 편자 던지기 와중에 보고 받았다고 한다. 휘하에 있는 함정들이 침몰하고 아끼던 부하들을 잃은 아픔과 고통, 그리고 국가의 명운이 달린 전쟁의 무거운 책임감을 매일 매일 편자에 담아 던지면서 마음의 부담을 덜어내고자 했을까.

┃ 미 태평양함대사령부 본관 입구(23.3.31.)

내가 무관으로 근무하는 동안 태평양함대사령관은 파파로(Samuel J. Paparo Jr.) 제독이었다. 탑건 출신 해군 전투기 조종사이며, 지성과 인품이 뛰어나고 부하들로부터 존경받는 지휘관이었다. 조부와 부친도 해군과 해병대 부사관으로 복무했다. 슬하에 자녀가 6명이다. 아일랜드계이며 독실한 가톨릭 신자이다. 한국의 문화와 한국 사람의 열정적이고 직설적인 성향을 좋아한다. 나의 멘토이기도 하다. 그는 한 달 전 3년의 태함사령관 보직을 마치고 5월 3일 제27대 인태사령관으로 취임했다. 파파로 제독 후임 태함사령관은 쾨일러(Stephen T. Koehler) 제독이다. 그 또한 해군 전투기 조종사이다. 최근 역대 태함사령관과 인태사령관은 해군 전투기 조종사가 많다. 미국의 태평양함대는 전 세계에서 가장 강력한 함대이다. 미국 서해안에서부터 인도양 사이 3개의 대양과 6개의 대륙, 그리고 지구표면의 절반을 담당한다. 진주만은 태평양함대의 모항(母港)이다. 80여년 전 일본과 미국이 치열하게 싸웠던 태평양 전쟁이 이곳에서 시작되었듯이, 진주만을 둘러싼 태평양의 푸른 파도가 또다시 출렁이고 있다.

_____ 24.6.7.

미 7공군과 태평양공군의 보금자리
히컴 공군기지

히컴 공군기지는 진주만과 더불어 하와이를 대표하는 군사기지이다. 인태사의 구성군사령부 중 하나인 태평양공군사령부(PACAF, Pacific Air Force)가 있으며, 태평양지역 공군의 역사를 만들어온 곳이다. 와이키키에서 H1 고속도로를 타고 서쪽으로 가다가 호놀룰루 공항 출구를 지나면 JBPHH 출구가 나온다. 'JBPHH'는 '진주만히컴합동기지(Joint Base Pearl Harbor-Hickam)'의 약자이다. 2010년 미 국방부의 기지병합 계획에 따라 오아후섬에 있는 진주만 해군기지와 히컴 공군기지가 하나로 통합되었다. 고속도로 JBPHH 출구로 나오면 오른쪽은 진주만으로 들어가는 니미츠 게이트, 왼쪽은 히컴으로 들어가는 오말리 게이트이다. 오말리 게이트를 통과하면 좌측에 보이는 활주로에 미 공군 수송기 C-17 글로브마스터와 C-5

갤럭시가 여러 대 보인다. 이곳이 바로 태평양공군사령부가 있는 히컴 공군기지이다.

히컴 비행장은 1935년부터 만들기 시작해서 1938년에 완공되었다. 미군은 비행장이

▎ 1930년대 지어진 히컴필드 항공통제소(23.1.26.)

있는 기지명에 '에어필드(airfield)'의 'field'를 붙여서 사용한다. 히컴 필드는 1934년 텍사스 기지에서 비행사고로 죽은 육군항공의 선구자 호레스 믹 히컴(Horace Meek Hickam) 중령의 이름에서 가져왔다. 오아후섬에는 히컴 필드 이전에 이미 포드 아일랜드의 루크 필드가 있었다. 하지만 1930년대 항공작전 소요 증대로 진주만과 인접해 있던 로저스 공항(현 호놀룰루 공항)과 포트 카메하메하 부지에 히컴 필드를 만들게 된다. 히컴 필드는 평시 건설된 군사시설 중 가장 큰 규모였다고 한다. 군인들을 위한 모든 편의 복지시설이 갖추어져 있어, '히컴 호텔'이라고도 불렸다. 하와이 비행장 중에서 B-17 플라잉포트레스 운용이 가능한 비행장은 히컴뿐이었다. 1940~1941년 사이에 미 본토로부터 많은 육군 항공기들이 히컴에 전개한다. 진주만 공습 당일 오전에도 캘리포니아로부터 B-17 폭격기 여러 대가 도착할 예정이었다. 한편, 1940년 오아후섬에 하와이언 공군이 창설된다. 하와이언 공군은 육군 소속으로 최초에는 포트 쉐프터에서 창설되고 나중에 히컴기지로 이전했다. 당시 하와이언 공군은 육군 비행장이었던 히컴과 윌러, 벨로우즈 필드에서 약 230여 대의 항공기를 운영했다. 진주만 공습 전까지 하와이언 공군의 별명은 하와이를 상징하는 '파인애플 공군'이었다고 한다.

1941년 12월 7일, 히컴 기지는 진주만을 공습한 일본 항공기들의 주요표적이었고 실제로도 큰 피해를 보았다. 활주로상 항공기 수십여 대가 파괴되었다. 현재 태평양 공군사 본관 건물 벽면에는 아직도 그날 일본 항공기의 기총 공격 흔적이 뚜렷하게 남아있다. 당시 병사 막사이자 식당으

▌ 미 태평양공군사령부 본관 입구(23.1.26.)

로 사용되었던 본관 건물에서만 150여 명이 전사했다고 한다. 병사들은 아침 식사 중이었다. 현재 공군사령부 본관 로비 1층에는 그 날 히컴기지에 걸려 있었던 성조기와 진주만 공습 당일 현장 사진이 보존되어 있다. 또한, 그곳에는 미 공군의 태평양 전쟁과 6·25 전쟁, 베트남전쟁 참전 기념시설 '영웅들의 안마당(Courtyard of Heroes)'이 있다. 희생자들을 영원히 잊지 않을 것을 다짐하는 '영원한 불꽃(eternal flame)'도 있다. 그 시설은 진주만 공습(1941)과 태평양공군사 창설(1944) 50주년 기념을 위해 1995년에 만들어졌다고 한다. 이처럼 일본의 진주만 공습과 2차 세계대전 태평양 전쟁은 미 태평양공군과 히컴기지 발전에 큰 영향을 미치게 된다.

▌ 공무출장단과 영웅들의 안마당 메모리얼에서(22.11.17.)

1940년 창설된 하와이언 공군은 전쟁 중인 1942년에 다시 7공군으로 명명된다. 미 공군 역사상 가장 오래된 숫자공군인 '7공군'의 시작이다. 이처럼 현재 우리나라 오산 미 7공군의 첫 기지는 바로 히컴 공군기지였다. 당시 7공군의 임무는 하와이섬을 방어하면서, 태평양 전역 주요도서인 길버트, 마셜, 캐롤라인, 마리아나 제도, 오키나와에 공군력을 제공하는 것이었다.

1944년에는 호주 브리스밴에 극동공군이 창설된다. 현 태평양공군사령부의 전신이다. 미 극동육군 예하 부대인 극동공군은 남서 태평양지역 연합공군사령부로 예하에 5공군과 13공군(클라크 필드, 필리핀), 그리고 7공군(히컴 필드, 하와이)을 통제하게 된다. 1945년 전쟁이 끝나자 전시조직이었던 극동공군은 평시조직인 미 육군 태평양공중사령부(PACUSA, Pacific Air Command, United States Army)로 변경된다. 전쟁 기간에 극동아시아와 남서태평양 지역에 배치했던 모든 공군부대가 PACUSA 예하로 편입된다. PACUSA에는 5공군(도쿄, 일본 점령군 지원), 7공군(히컴, 하와이 및 태평양도서 방어), 8공군(카데나, 오키나와 및 류큐제도 방어), 13공군(클라크, 필리핀 및 솔로몬제도 방어), 20공군(하몬 기지, 괌 앤더슨 기지 이전 이름, 괌/마리아나 제도 전략방어)이 있었다. 전후 PACUSA의 핵심 임무는 맥아더 장군의 일본 점령군 지원이었다. 또한, 마셜제도 비키니 환초에서 시행된 미국의 핵실험 지원 임무도 수행했다. 1947년 미 공군이 창설되면서 PACUSA는 다시 극동공군으로 명칭이 변경된다. 극동공군사령부는 1944년 창설 시부터 호주, 뉴기니, 필리핀, 대만, 일본에 전진 배치되어 있었으나, 1957년 마침내 히컴기지로 들어오면서 부대 명칭도 지금의 태평양공군사가 된다.

히컴기지는 6·25 전쟁과 베트남전쟁 기간 미군 조종사 훈련과 전력 제공을 위한 태평양지역 공군 네트워크 허브였다. 전평시 병력 이송과 보급뿐만 아니라 부상자 후송 등 모든 분야의 공중수송이 히컴기지 경유를 통해 이루어졌다. 이때 히컴이 얻은 별명이 "태평양을 건너는 미국의 다리"이다. 1960~1970년대에는 아폴로 우주비행사 지원 임무도 수행했다. 1970년대 중반에는 베트남전 전쟁포로와 난민/어린이 후송 작전도 히컴기지를 거쳐갔다. 1980~1990년대에는 NASA 스페이스 셔틀 비행 지원 임무도 맡았다.

21세기 현재 태평양공군사 예하에는 일본 요코다에 5공군, 한국 오산에 7공군, 알래스카에 11공군이 남아있다. 태평양공군사는 작전지역 내 4만5천여 명의 병력과 9개의 공군기지, 380여 대의 항공기를 운영한다. 히컴기지에는 C-17 수송기 글로브마스터 III, F-22 전투기 랩터, KC-135 공중급유기 스트라토탱커를 운용하는 15비행단, 154비행단, 515공중기동작전비행단이 있다. 이들은 주방위공군과 함께 하와이제도의 공중방어와 태평양 전역 공중수송 작전 임무를 수행한다.

내가 무관으로 재직하는 동안 태평양공군사령관은 윌스바흐(Kenneth Wilsbach) 대장(2020~2024)이었다. 그는 2018년부터 3년 동안 오산의 7공군사령관을 역임했다. 윌스바흐 장군 부부 모두 한국을 무척 좋아하고 한국근무를 자랑스러워했다. 현재 7공군사령관은 아이벌슨(David R. Iverson) 중장이다. 아이벌슨 장군은 태평양공군사 작전부장(A3/6)으로 근무하다 진급하여 2024년 1월 부임하였다. 아이벌슨 장군의 부친도 미 공군장성이며, 30년 전인 1994~1997년 7공군사령관을 역임했다고 한다. 80여년 전 태평양 히컴기지에서 처음 창설된 7공군이 이제는 한미동맹의 핵심 공군력이 되었다. 물론 6·25 전쟁 기간에도 태평양공군은 중추적 역할을 했다. (6·25 전쟁 당시에 7공군은 부대가 편성되지 않았었고 일본의 5공군과 오키나와/괌의 20공군, 필리핀의 13공군이 참전했다) 이처럼 태평양공군과 그 보금자리 히컴기지는 과거부터 현재까지 우리나라와 특별한 관계를 갖는다.

글을 맺는다. 히컴기지 안에 있는 수송기 19번 격납고는 종종 한국군 유해송환 기념행사 장소로 사용되는 곳이다. (DPAA편 참고) 오말리 게이트를 통해 히컴기지로 들어가면 활주로 왼편에 보이는 거대한 수송기 격납고다. 2021년 가을 무관 부임 후 정신없었던 초창기 근무 시절, 우리 대통령이 방문하여 직접 유해 송환행사를 주관했던 곳이다. 우리나라 공군 1호기가 히컴기지 활주로에 대기 중인 모습을 보며 행사에 참여한 동포들이 얼마나 자랑스러워했는지 모른다. 히컴 공군기지는 진주만 해군기지와 함께 오랫동안 나의 최애 미군기지로 남을 것이다.

_____ *24.5.11.*

팜서클과 하와이 미 육군의 역사
포트 쉐프터 육군기지

 해군장교의 하와이 육군 이야기이다. 오아후섬은 진주만으로 인해 천혜의 해군기지로 알려져 있으나, 그에 못지않게 미 육군의 역사도 길다. 실제 하와이 육군의 효시 포트 쉐프터(Fort Shafter)는 진주만 해군조선소보다 1년 앞선 1907년에 만들어졌다. 현재 태평양육군사령부(USARPAC, US Army Pacific)가 있는 포트 쉐프터에 들어가면 부대 입구 왼편에 로열 팜 나무들로 둘러싸인 넓은 잔디광장을 볼 수 있다. 바로 팜서클(Palm Circle)이다. 이곳의 별칭은 '파인애플 펜타곤'이다. 지금은 수십 미터의 높이를 자랑하는 로열 팜 나무들은 1898년 미서전쟁 승리를 기념하며 심었다고 한다. 팜서클 주변에는 2차 세계대전 기간 지어진 목조건물들이 아직도 그대로 남아있다. 1944년 육군 공병부대가 49일 만에 지었다는 사령부 본관 건물(T-100)은, 작년에 신축건물로 이전하기 전까지, 지난 80여년 간 미 태평양 육군의 사령부였다. 아직도 사령관과 주요참모들은 팜서클 주변 장군관사에 거주한다. 2차 세계대전

■ 태평양육군사 구 본관 T-100 건물(21.9.13.)

미 육군의 전쟁영웅이자 패튼 전차로 유명한 패튼 장군(George S. Patton) 도 대령 시절인 1930년대 팜서클 관사 6번 쿼터에 살았다고 한다. 팜서클은 미 육군 UH-60 헬기가 수시로 뜨고 내리기도 하고 폴로 경기와 각종 리셉션이 열리기도 하는 태평양육군사의 상징 공간이다.

포트 쉐프터는 1898년 쿠바 원정을 이끌었던 쉐프터(William Rufus Shafter, 1835~1906) 육군소장의 이름에서 가져왔다. 미서전쟁으로 필리핀을 식민지화한 미국은 태평양 지역의 군사적 교두보인 하와이 도서를 영토화한다. 이후 미 육군성과 해군성은 하와이 진주만에 태평양지역 작전을 위한 해군기지 건설을 결정하고, 맥킨리 대통령과 테디 루즈벨트 대통령은 오아후섬을 본격적으로 군사기지화하기 시작한다. 오아후섬의 첫 군사기지는 1898년 다이아몬드헤드 인근에 만들어진 캠프 맥킨리였다. 이후 포트 카메하메하(1907, 현 히컴 공군기지), 포트 쉐프터(1907, 현 태평양육군사), 진주만 해군조선소(1908, 현 진주만 해군기지), 스코필드 배럭스(1909, 현 25보병사단), 배터리 랜돌프(1911, 현 육군박물관), 포트 데루시(1915, 현 와이키키 인근 해변공원), 윌러 육군항공기지(1922, 현 25사단 항공부대) 등 이 만들어진다.

초기 포트 쉐프터는 진주만 방어를 위한 육군기지였으나, 태평양육군사의 전신이라고 할 수 있는 하와이부가 들어오면서 하와이 주둔 육군의 본부로 발전한다. 당시 미국은 1921년에 체결한 워싱턴 해군조약으로 인해 하와이 서쪽으로는 방어선을 구축할 수 없게 된다. 1924년 발표된 미 육군과 해군의 대일본 전쟁계획인 '오렌지 플랜'에 따라 하와이는 미국의 태평양 지역 방어를 위한 핵심 요충지가 된다. 1921년에 미 육군은 오아후섬 중앙에 있는 스코필드 배럭스에 하와이언사단을 창설한다. 1930년대 중반 하와이언사단은 미국의 해외 주둔부대 중 최대 규모인 15,000명이었고, 1941년 말에는 25,000명까지 이른다. 당시 하와이언사단은 본토와 다른 이국적 환경과 휴양지인 지역적 특성으로 인해 '파인애플 육군'이라고 불리기도 했다. 1941년 10월 하와이언사단은 24사단과 25사단(각 3개 연대씩)으로 분리된다. 당시 부족한 병력은 하와이방위군으로부터 보충했다. 그 당시 하와이 육군은 4개 방공포병여대와 4개 해안포병연대, 육군 활주로 2개를 운영하고 있었다. 활주로 2개는 미 육군공군 폭격기가 전개하는 히컴 필드와 내륙지역 스코필드 배럭스에 있는 윌러 필드이다. 이처럼 일본의 진주만 공습 이전부터 하와이 내 미 육군의 존재감은 해군 못지않았다.

1941년 하와이부 사령관은 숄트(Walter C. Short) 육군중장이었다. 그는 미 육군참모총장 마셜(George C. Marshall) 대장으로부터 진주만의 태평양함대를 보호하라는 임무를 부여받았다. 미 태평양함대는 일본의 팽창에 대처하기 위해 1940년부터 캘리포니아에서 진주만으로 이전한 상태였다. 진주만 공습 당일 포트 쉐프터에 대한 공격은 없었다. 그러나 히컴과 윌러 필드는 일본 폭격기의 집중공격을 받았고 활주로에 있던 항공기 대부분이 파괴되었다. 공습 당일 두 비행장에서 이륙할 수 있었던 비행기는 극소수였다. 진주만 공습 이후 태평양 육군은 해군, 해병대와 함께 합동군의 일원으로 미드웨이 해전과 과달카날 전투에 참전한다. 하와이 육군 24/25사단은 태평양 전쟁이 끝날 때까지 전쟁 승리에 중요한 역할을 담당했다. 전후에는 극동사령부 소속 점령군의 일부로 일본에 주둔하고 1950년 6·25 전쟁이 발발하자 가장 먼저 한반도에 투입된다. 이처럼 2차 세계대전과 6·25 전쟁, 베트남전쟁을 수행하면서 하와이 육군은 태평양 전 지역을 담당하는 전구육군으로 거듭난다. 1921년 창설된 하와이언사단의 후예 25사단의 모토는 '미국의 태평양사단(America's Pacific Division)'이다.

하와이 육군사령부는 2차 세계대전 때부터 부대명이 여러 번 바뀌었으나, 1990년부터는 태평양육군사령부로 불리고 있다. 통합전투사 인태사령부의 육군 구성군사령부로 태평양의 미 영토(하와이, 괌 등)와 동북아시아(한·중·일), 동남아시아(아세안), 남아시아(인도, 파키스탄), 오세아니아(호주, 뉴질랜드)와 태평양 도서국에서 작전, 훈련하는 모든 미 육군부대를 지휘한다. 우리나라에 전개한 주한미군의 대부분을 차지하는 미 8군과 2사단은 태평양육군사 예하 부대이다. 그 외에도 주일 미 육군, 알래스카 11공정사단, 워싱턴주의 1군단 예하 7사단과 하와이 25사단 등이 있다. 과거 태평양육군사는 3성 장군 부대였으나, 2013년부터 4성급 부대가 되었다. 당시 사령관은 전 주한미군사령관 브룩스(Vincent K. Brooks) 대장이다. 주한미군사령관 라카메라(Paul J. LaCamera) 장군도 직전에 태평양육군사령관을 역임했다. 2024년 5월 기준 플린(Charles A. Flynn) 대장은 제37대 사령관이다.

나에게 있어 태평양육군사의 매력 포인트 중 하나는 부대마크이다. 태평양육군사 부대마크는 일본의 진주만 공습에 대한 상기와 태평양 전쟁에 참전하는 육군의 의지를 담고 있다. 가운데 화살표는 하와이로부터 일본열도 방향인 서북쪽을 가리키고 있다. 화살표 끝에 있는 별 하나(1)는 북극성, 화살표 상단에 있는 별 일곱 개(7)는 북반구의 북두칠성, 하단

▌태평양육군사 접견실의 부대마크(23.4.25.)

에 있는 별 네 개(4)는 남반구의 남십자자성을 상징한다. 전체 별자리는 태평양육군사가 소재한 하와이의 지리적 위치를 의미한다. 별의 총개수는 열두 개(12)이다. 별의 수는 일본의 진주만 공습일이자 미국의 태평양 전쟁 참전일인 '41년 12월 7일'을 의미한다. 바탕의 파란색은 태평양의 넓은 바다를, 화살표의 적색은 육군의 용맹과 자립성을 나타낸다고 한다. 이 부대마크는 1944년에 제정되었다.

태평양육군사령부의 새로운 본청 '프레드릭 C. 웨이엔드 지휘센터'는 웨이엔드(Frederick C. Weyand, 1916~2010) 장군의 이름에서 가져왔다. 웨이엔드 대장은 미국의 베트남전 마지막 사령관(1970~1973)이었고 이후 육군총장(1974~1976)도 역임했다. 웨이엔드는 미 육군 7사단과 3사단 소속으로 6·25 전쟁에 참전한 한국전참전용사이기도 하다. 1967년에는 베트남전에서 25사단을 지휘했고 1973년에는 짧은 기간 태평양육군사령관을 맡기도 했다. 그 외에도 하와이와 웨이엔드 장군의 인연은 각별하다. 1976년 전역 후 그는 호놀룰루에 살면서 2010년 세상을 떠날 때까지 하와이의 군과

민간사회를 연결하는 중요한 역할을 했다. 퍼스트하와이언뱅크, 소니오픈, 호놀룰루심포니, 동서센터, 아태안보연구소 곳곳에 그의 흔적이 남겨져 있다. 현재 와이키키에 있는 미 육군호텔 할레코아(1975)는 그가 육군총장 재직시절 하와이에 육군 휴양시설을 만들기 위해 노력의 결과이다. 할레코아 로비에는 커다란 그의 초상화가 걸려 있다. 하와이어로 할레(Hale)는 집

▌ 할레코아 호텔 웨이엔드 초상화(24.5.5.)

(house), 코아(Koa)는 용사(warrior)라는 의미이다. 이른바 '용사의 집'이다. 웨이엔드 장군의 이름은 태평양육군사와 함께 오랫동안 기억될 것이다. 할레코아 호텔과 함께 와이키키 노른자 위치를 굳건히 지키고 있는 육군박물관에 가면 하와이 육군 120년 역사를 한눈에 볼 수 있다.

1900년대 초부터 시작된 하와이 육군의 역사는 오아후섬 곳곳에 잘 보전되어 있다. 특히 당시 오아후섬 남쪽 고지대에 만들어진 일명 '필박스(pillbox)'라고 부르는 해안포 진지는 많은 관광객이 찾는 전망 명소이다. 내가 가본 곳은 다이아몬드헤드 필박스, 코코헤드 필박스, 마카푸 등대 필박스, 그리고 라니카이 필박스 정도이다. 아쉽게도 유명한 카에나포인트 필박스와 핑크 필박스는 가보지 못했다. 30분 하이킹 후에 라니카이 필박스 정상에서 바다쪽으로 바라보는 카일루아 지역의 모습은 참 아름답다. 필박스에 앉아서 절경을 바라보고 있자면, 100여 년 전 정상지역에 포대와 진지를 만들었던 군인들의 수고와 필박스 속에서 혹시 나타날 적함을 기다리며 하염없이 바다를 바라보았을 당직 병사들의 모습이 연상된다. 그들이 바라보았던 그 바다는 지금 내가 보고 있는 이 바다인가.

▮ 라니카이 필박스에서 바라보는 전경(22.2.22.)

요즘 미래전의 화두는 다영역작전(MDO, Multi Domain Operation)이다. 기존의 지상, 해상, 공중영역을 넘어 사이버, 우주, 인지 영역까지 전장을 통합하는 전쟁수행 개념이다. 1900년대 초반부터 하와이에서는 육군과 해군이 같이 발전하면서 다양한 합동성을 만들어냈다. 1947년 미 공군이 창설되기 이전부터 하와이에는 육군항공(히컴, 윌러)과 해군항공(포드 아일랜드, 카네오헤) 기지가 운영되었다. 마치 일본의 진주만 공습으로 시작된 태평양 전쟁처럼, 최근 중국의 부상과 중국군의 태평양지역 팽창을 가장 먼저 체험하는 곳이 바로 이곳 하와이이다. 하와이는 태평양 미군의 사령부이자 전력투사 기지이기 때문이다. 지난 120년 동안도 그러했고 앞으로도 그러할 것이다.

_____ *24.5.5.*

하와이에서 창설된 미국의 태평양사단
스코필드 배럭스 25보병사단

미 육군은 2024년 현재 4개의 군단과 18개의 사단을 보유하고 있다. 현역 사단은 10개이고 나머지 8개는 주방위군 소속이다. 10개 현역 사단 중 8개는 미국 본토에 있으며, 1개는 한국의 2사단이고 나머지 1개는 이곳 하와이에 있다. 바로 25보병사단이다. 워싱턴주에 있는 1군단 예하 부대이다. 25사단은 6·25 전쟁 참전으로 한국과도 깊은 인연이 있고 한반도 유사 시 파견되는 태평양육군사의 증원전력이다. 이미 다른 글에서도 소개한 바 있다. 하와이 미 육군 역사는 25사단을 빼놓고 이야기할 수 없다.

25사단은 오아후섬 내륙 밀리라니와 와히아와 인근 중산간 지역에 있는 스코필드 배럭스(Schofield Barracks)에 있다. 스코필드 배럭스는 스코필드(John M. Schofield, 1831~1906) 장군의 이름을 따 1909년에 만들어졌다. 그는 미 육사 출신으로 남북전쟁(1861~1865)에서 북부군사령관 윌리엄 셔먼(William T. Sherman) 장군과 함께 싸웠다. 존슨 대통령의 전쟁성장관을 역임하면서 진주만 해군기지 건설에 중요한 역할을 했다고 한다. 1921년 스코필드 배럭스에서 하와이언사단이 창설되었고 1941년 하와이언사단이 25사단과 24사단으로 분리되었다.

하와이언사단의 후예 25사단은 미국이 20세기 태평양지역에서 수행한 주요전쟁인 2차 세계대전과 6·25 전쟁, 베트남전쟁에 모두 참전한다. 지난 주 부대방문 때 들은 바로는 미 육군의 모든 사단 중에서 처음 창설된 위치에 현재까지 그대로 남아 있는 유일한 사단이라고 한다. 그동안 최고 무공

■ 25사단 출신 명예훈장 수여자 명단(24.6.5.)

훈장인 명예훈장을 43개 받았고 이는 미군의 전 부대 중에서 두 번째라고 한다. 이처럼 25사단은 하와이와 태평양 전역에서 80년의 긴 역사와 전통을 가진 부대이다. 하와이 육군의 자존심이고 자랑거리도 많다.

1941년 창설된 지 얼마 안 되어 진주만 공습을 겪은 25사단은 당시 자매사단 24사단과 함께 솔로몬제도 주요전투인 과달카날(1942)과 뉴조지아(1943) 전투에 참전한다. 과달카날에서 25사단은 부대의 빠른 이동속도로 인해 '트로픽 라이트닝(Tropic Lightning, 열대 번개)'이라는 별칭을 얻는다. 그 별칭으로 인해 25사단 부대마크는 하와이를 상징하는 타로 잎새 안에 번개가 들어있는 모양이다. 24사단과 25사단은 필리핀 해방을 위한 루손 전투(1945)도 참가한다. 아마도 맥아더 장군의 지휘를 받았을 것이다. 하와이 출신 두 사단은 2차 세계대전 태평양 전쟁 시작부터 끝까지 전 기간 참전했던 몇 안 되는 부대였다. 두 사단은 1945년 8월 일본의 항복선언 이후 미 8군 예하의 1기병사단, 7보병사단과 함께 맥아더 장군의 일본 점령군의 일원으로 일본에 주둔하게 된다.

■ 25사단장실 앞 부대기와 부대표식(24.5.18.)

24/25사단은 1950년 6월 한반도에서 전쟁이 일어나자 극동사령관 겸 유엔군사령관이 된 맥아더 장군이 한국으로 가장 먼저 파견한 미군부대였다. 첫 미군 참전은 7월 5일 24사단 소속 스미스 부대의 오산 죽미령 전투였다. 7월 14일 대전전투에서는 24사단장 딘(William F. Dean, 1899~1981) 소장

이 실종된다. (후에 포로가 되었다는 것을 알게 된다) 일본 오사카에 주둔하고 있었던 25사단은 7월 초 부산에 상륙해 낙동강/부산 방어선에 투입되고 마산방어전투에서 크게 활약한다. 25사단은 미 해병대 1사단, 미 육군 7사단 등과 함께 인천상륙작전에 참가하고 압록강까지 북진한다. 전선 고착 이후 38선 인근 고지전에서도 중요한 전공을 세운다. 이승만 대통령이 2번의 대통령 부대 표창을 수여했다. (25사단 박물관에 갔을 때 이승만 대통령이 수여한 부대표창 원본을 찾아보았는데 전시되어 있지는 않았다) 6·25 전쟁 참전으로 14명의 부대원이 명예훈장을 받는다. 정전협정 후에도 한국에 남아있다가 1954년 9월 하와이로 복귀한다. 1942년 과달카날 전투 참전을 위해 하와이 스코필드 배럭스를 떠난 지 12년 만에 돌아오게 된 것이다.

10여 년 후 미국의 태평양사단 25사단은 베트남전에 투입된다. (24사단은 한국전쟁 참전 이후 유럽과 본토로 부대를 옮겼다) 25사단은 정선시티 작전(Operation Junction City)과 사이공전투(Battle of Saigon) 등 북베트남의 텟 공세(Tet Offensive) 기간 중 가장 치열했던 전투에 참전한다. 베트남전쟁에서는 25사단 부대원 23명이 명예훈장을 받는다. 나의 어린 시절 최고의 베트남전 영화는 바로 올리버 스톤 감독의 '플래툰(Platoon, 1986)'이었다. 플래툰에 등장하는 한 미군부대는 25사단 '트로픽 라이트닝' 부대마크를 군복에 붙이고 있다. 영화를 볼 때는 그게 뭔지도 몰랐다. 올리버 스톤 감독은 실제로 25사단 3대대 B중대 2소대 소속으로 1967년부터 1968년까지 베트남전에 참전했고 전투 중 유공으로 동성무공훈장을 받았다고 한다. 25사단이 배출한 여러 유명인사 중 한 명이다.

베트남전 이후 25사단의 주임무는 태평양육군사의 주전력으로 역내 동맹국인 한국, 일본, 태국, 필리핀, 호주에서 실시하는 연합훈련에 참가하는 것이었다. 태평양지역에서 또 다른 전쟁이 발생하는 것을 억제하고 대비하기 위해서이다. 특히 25사단은 1980년대 우리나라 한미연합 실기동훈련 '팀스피릿' 훈련의 단골손님이었다. 당시 25사단 병력 5,000여 명과 1,700여 대의 장비가 팀스피릿 참가를 위해 매년 한반도에 왔다고 한다. 25사단 절반 이상의 능력과 병력을 동원하는 최대 규모 연례훈련이었다. 1985년

25사단은 기존의 보병사단에서 현대화된 경보병사단으로 재조직된다. 이후 일부 전력은 이라크전과 아프간전에도 참전한다. 2014년에는 스코필드 배럭스에 사단의 특성을 살린 정글작전훈련센터를 개장한다. 이는 파나마 지역에 있었던 미국의 포트 셔먼 정글전훈련장 폐쇄 후 미 육군에서 처음으로 만든 정글훈련장으로 알려져 있다.

▌ 25사단의 전통 워리어댄스 하아코아
출처: 25사단 페이스북

25사단 주관 행사에서 반드시 실시하는 의식이 있다. 하와이어로 '하아코아(Ha'akoa)'라고 부른다. 여기서 '하아(Ha'a)'는 춤이고 '코아(Koa)'는 용사라는 뜻으로 '용사의 춤'이라는 의미이다. 검은색 티와 전투복 바지를 입고 남녀 부대원이 적게는 수 명 많게는 수십 명이 참가한다. 함께 괴성을 지르며 때때로 혓바닥을 최대한 입 밖으로 내민다. 두 손으로 가슴팍과 허벅지를 있는 힘껏 치면서 일치된 몸동작을 한다. 전혀 알아들을 수 없는 하와이어로 모두가 떠나갈 듯이 큰소리를 지른다. 하와이 원주민 전투원들이 타부족과 전투에 임하기 전에 전투 의지를 다지는 전통 의식 행사에서 비롯되었다. 처음 볼 때는 이상했으나 자주 보니 정겹다. 나도 같이 한번 해보고 싶어진다. 창설 위치에서 한 번도 옮긴 적이 없는 25사단이 현지 하와이 문화를 수용하며 발전시켜 온 전통이라는 생각이 든다.

글을 맺는다. 누구나 하와이하면 진주만과 해군을 떠올리지만 여기까지 (인내하고) 읽은 분들은 '미국의 태평양사단' 25사단의 존재감을 인정할 것이다. 무엇보다도 우리 6·25 전쟁에 참전한 25사단 장병들의 희생과 헌신을 생각하면 숙연해질 수밖에 없다. 오늘도 태평양의 평화와 전쟁 억제를 어깨에 짊어진 그들에게 감사한다.

_____ *24.5.5.*

미 해병대의 태평양 항공기지
카네오헤 해병기지

하와이에 주둔하고 있는 미 해병대 이야기이다. 와이키키를 기준으로 대각선 섬 건너편으로 가면 카네오헤(Kaneohe) 지역이 나온다. H3 도로가 끝나는 지점에 있는 미군부대 게이트로 진입하면 MCBH(Marine Corps Base Hawaii) 카네오헤 기지이다. 미 해병기지는 대부분 'MCB'로 시작한다. 카네오헤 해병기지를 줄여서 '케이베이(K-Bay)'라고도 부른다. 케이베이는 카네오헤와 카일루아 사이에 바다쪽으로 툭 튀어나온 모카푸 페닌슐라에 자리를 잡고 있다. 크기는 3,000에이커로 여의도 면적의 4배 정도 된다. 케이베이에는 2차 세계대전 때부터 사용되던 격납고 시설과 약 2,400m 길이의 활주로가 놓여 있다.

카네오헤 기지는 1918년 육군 해안포 기지로 시작되었다. 중간에 여러 번 이름이 바뀌었으나, 최종적으로는 그곳 부대장 출신 포병장교 헤이즈(William F. Hase) 소장의 이름을 딴 포트 헤이즈(1942)로 정해졌다. 미 해군은 1939년 모카푸 페닌슐라 지역을 수상항공기 운용기지로 만든다. 고립된 위치와 비행기 이륙에 유리한 무역풍 트레이드 윈드(Trade Wind) 때문이다. 트레이드 윈드는 하와이 인근에서 1년 내내 일정하게 부는 북동풍이다. 해군은 이곳에서 태평양 지역 장거리 정찰을 위한 카탈리나(PBY Catalina) 수상항공기를 운용했다. 카네오헤 베이 해군 항공기지의 시작이다.

1941년 12월 7일, 일본은 진주만 공습 전에 먼저 카네오헤 항공기지를 공격한다. 기지에 전개해 있던 36대의 미 해군 카탈리나 항공기 중 26대가 파괴되고 6대가 파손된다. 그리고 18명이 전사한다. 당일 일본의 카네오헤 기지 공습과 관련하여 다음 두 명의 인물이 잘 알려져 있다.

먼저 미 해군 존 핀(John W. Finn, 1909~2010) 상사이다. 그는 카네오헤 기지에 근무하는 항공 무장사였다. 핀 상사는 부상을 당한 상태에서 개인 기관총 사격으로 일본전투기 1대를 격추한다. 이는 미국의 태평양전쟁 첫 전공이었다. 그는 미국의 2차 세계대전 참전 첫 번째 명예훈장을 받는다. 1942년 진주만 엔터프라이즈 항모에서 열린 그의 명예훈장 수훈식은 태평양함대사령관 니미츠 제독이 직접 주관한다. 2010년 101살이었던 존 핀 사망

┃ 존 핀 상사
출처: National Medal of Honor
　　　Museum

당시 그는 명예훈장을 받은 최고령 진주만 공습생존자이자 2차 세계대전 참전 해군이었다. 현재 카네오헤 기지 내 위치한 24해병비행단 건물명은 존 W. 핀 빌딩이다. 또한, 2017년 진주만에서 취역한 알레이버크급 구축함 DDG-113은 그의 이름을 따 존 핀함으로 명명되었다.

두 번째 인물은 일본해군 제로전투기 조종사 후사다 아이다(Fusata Iida, 1913~1941) 대위이다. 그는 진주만 공습 당시 3항공대장으로 카네오헤 공습을 책임지는 선임장교였다. 카네오헤 기지 공격 중 비행기 엔진에 불이 붙어 항모 복귀가 불가능해지자, 그는 격납고 101 행거에 자살공격을 시도하다가 추락하여 전사한다. 일본의 2차 세계대전 참전 첫 번째 가미카제

┃ 아이다 대위
출처: Images of Old Hawaii

공격으로 알려져 있다. 미군은 기지 활주로 인근 후사다 아이다 대위의 제로전투기가 추락한 장소에 기념시설을 세운다. 그곳에는 다음과 같이 기록되어 있다.

일본 항공기 추락 장소, 일본 제국해군 조종사 아이다 대위, 3항공
통제대 지휘관, 1941년 12월 7일(Japanese Aircraft Impact Site, Pilot-
Lieutenant Iida, I.J.N. CMDR Third Air Control Group, Dec. 7, 1941)

현지 일본 단체는 매년 12월 7일 이곳을 방문하여 그를 기념한다. 2016년 12월 진주만 공습 75주년을 맞아 일본의 아베 총리는 일본 총리로는 최초로 하와이를 공식 방문한다. 아베 총리는 진주만 애리조나함 기념관에 이어 카네오헤 기지 내 후사다 아이다 기념장소를 찾았다. 진주만 공습 역사의 현장 카네오헤 기지가 간직하고 있는 미 해군 존 핀 상사와 일본 제국해군 후사다 아이다 대위의 이야기이다.

2차 세계대전 기간 카네오헤 해군 항공기지는 해군과 해병대 조종사 양성을 위한 중요한 훈련기지였다. 1949년 해군 항공기지는 문을 닫고 그 자리에 1952년 카네오헤 해병대 항공기지가 창설된다. 현 케이베이의 시작이다. 현재 카네오헤 기지에는 10,000여 명의 해병대와 해군 병력이 근무하고 있다. 카네오헤 비행장의 24해병항공그룹(24MAG)은 MV-22 오스프리와 KC-130 공중급유기, RQ-21 무인기를 운용한다. 24MAG는 오키나와 제3해병원정군(IIIMEF) 예하 1해병비행단 소속이다. 해군항공 파견대는 MH-60R 헬기와 C-40 수송기를 운용한다. 종종 미 해군 대잠초계기 P-8 포세이돈과 미 공군 수송기 C-17 글로브마스터도 전개한다.

24비행단과 더불어 현재 이곳에는 3해병연안연대(3MLR, Marine Littoral Regiment)가 배치되어 있다. 전 해병대사령관 버거 장군의 '포스 디자인 2030'에서 비롯된 '해병연안연대' 개념은 전통적인 상륙작전 위주 해병연대와는 달리 적 연안으로 신속한 기동과 도서 지역 내 임무를 위해 편성된 새로운 개념의 부대이다. 미 해병대의 첫 해병연안연대 3MLR은 2022년 3월 이곳 카네오헤 기지에서 창설되었다. 3MLR은 제3원정군 3해병사단

예하 기존 3해병연대의 부대전통(1914~2022)을 이어받았다.

태평양에서 미 해병의 역사는 짧지 않다. (태평양해병대사 역사는 캠프 스미스편 참고) 1944년 태평양 전구에서 임무를 수행하던 미 해병대 5 상륙군단이 재편성되면서 하와이에 태평양함대해병대사령부가 창설된다. 당시에는 태평양함대사 예하 부대였던 태평양함대해병대사는 태평양 전구 내 6개 해병사단과 5개 해병비행단, 전체 약 500,000명의 병력을 지휘했다. 1956년 태평양함대해병대사령부는 현 캠프 스미스로 이전한다. 1992년 육·해·공군과 마찬가지로 태평양사령부의 정식 구성군사령부로 태평양해병대사령부(MARFORPAC, Marine Corps Forces Pacific)가 창설된다. 현재 태평양해병대사령부는 캘리포니아의 제1해병원정군(IMEF)과 일본 오키나와의 제3해병원정군(IIIMEF)을 지휘한다. 이는 미 해병대 전투병력의 2/3 규모이다. 전시 IMEF은 샌디에이고의 미 해군 3함대를, IIIMEF은 일본 요코스카의 미 해군 7함대를 지원한다. 각 원정군은 1개 사단과 1개 비행단 그리고 1개 군수단을 운영한다. 한국에는 1995년 창설된, 전투병력은 편성되어 있지 않으나 별도 사령부인 한국해병대사령부(MARFOR-K)가 있다.

▎ 클리퍼 골프코스 13번 홀 전경(23.5.8.)

카네오헤 기지가 잘 알려진 다른 이유가 또 있다. 바로 카네오헤 바닷가를 연하고 있는 클리퍼(Klipper) 골프장 때문이다. 1952년 저명한 골프장 설계가 윌리엄 벨(William P. Bell)이 설계했다고 한다. 그는 캘리포니아 샌디에이고 토레이 파인스를 포함 평생 50여 개의 골프장을 설계했다. 골프장의 이름 클리퍼는 20세기 전반 대륙을 횡단했던 팬암 항공사의 'Clipper 수상항공기'에서 가져온 것 같다.

클리퍼 코스 13번 홀은 정면으로 병풍치럼 펼쳐진 코올라우 산맥과 우측으로 길게 뻗는 아름다운 해변을 따라간다. 밀려오는 파도에서 서핑을 즐기는 젊은 남녀 해병대원들이 보인다. 처음 보는 순간에는 누구나 숨이 막히는 광경이다. 절경에 마음을 뺏기니 드라이버가 잘 맞을 리 없다. 그렇다고 화내는 사람도 드물다. 그곳에 있는 것만으로도 감사한 그런 홀이다.

13번 홀 티박스 옆 야자수 나무에는 숨겨진 비밀이 있다. 나무 기둥 뒷면에 미군 계급장 수십 개가 박혀있다. 해병대 장병들이 이곳에서 진급식을 하고 기존 계급장을 나무에 꽂아 놓은 것이다. 별 3개 계급장도 있다. 클리퍼는 골프를 즐겼던 하와이 출신 오바마 대통령이 겨울 휴가 기간에 찾는 곳으로 더 유명해졌다. 대통령 재직 중에는 클리퍼에서 외국 정상과 골프를 치면서 비공식 정상

▌ 야자수 뒤 미군 계급장(23.5.20.)

외교도 이루어졌다고 한다. (인터넷에 공개된 오바마의 핸디는 17개, 믿거나 말거나) 오바마 가족은 재임 기간 8년 연속으로 카일루아 지역에서 연말 휴가를 보내고 카네오헤 기지도 방문했다. 카네오헤 기지 대통령 전용숙소에는 클린턴 대통령과 오바마 대통령이 묵었다고 기록되어 있다.

카네오헤 기지의 또 다른 자랑은 바로 F-18 슈퍼호넷 4대로 구성된 미 해군 블루엔젤스가 참가하는 '카네오헤 베이 에어쇼'이다. 히컴기지 소속 F-22 랩터뿐만 아니라 오아후섬에 전개해 있는 미 육·해·공·해병대 군용기를 대부분 볼 수 있다. 코올라우 산맥과 태평양 바다를 경계하는 카네오헤 기지에서 블루엔젤스 팀이 산과 바다, 하늘과 구름 사이로 곡예 비행하는 모습은 직접 보지 않고는 설명하기 어렵다. 2024년 기준 하와이에 근무하는 미군 대장 4명 중 3명이 전투기 조종사이다. 태평양공군사령관 슈나

이더 장군(F-15/16)뿐만 아니라, 태함사령관 퀘일러 제독과 인태사령관 파파로 제독도 함재기(F-14/18) 조종사 출신이다. 2025년에 계획된 카네오헤 베이 에어쇼에는 조종사 선글라스를 쓰고 조종복을 착용한 미군 4스타 3명을 만나게 될 것이다. 2025년 8월 하와이 방문을 계획하시라.

2022년도 8월 림팩훈련 마지막 날이었다. 림팩훈련 현장지도차 방문하신 해군총장님을 모시고 카네오헤 기지에서 상륙작전 결정적 행동 국면을 참관했다. 모카푸 페닌슐라 넘어 해상에는 우리해군의 상륙함 마라도함(LPH 6112)이 떠 있고, 백파가 밀려 들어오는 카네오헤 기지 해안을 향해 우리 해병대 상륙돌격장갑차(KAAV) 8대가 상륙돌격 중이다. 30여 개국 해군이 참가한 3주간 림팩 해상훈련의 마지막 국면이었고 자랑스러운 우리 해군과 해병대가 주인공이 된 장면이었다. 당일 아침까지 기상이 안 좋아 조마조마했던 기억이 난다. 궂은 날씨에 KAAV를 진수하며 마음 졸였을 마라도함 함장과 오아후섬의 높은 파도를 가르며 상륙 해안을 향해 용감하게 돌격한 해병대원들의 마음을 상상해 본다. 잘했어! 브라보 줄루(Bravo Zulu)!

_____ *24.5.19.*

태평양 전쟁과 앤더슨 공군기지
곽의 군사사(軍事史) 이야기 하나

하와이무관이 왜 괌(Guam) 이야기냐고? 그 이유는 지난 3년간 하와이에 근무하면서 괌 출장을 자주 다녀왔기 때문이다. 1997년 소위 통신관 시절과 2017년 순항훈련 인사참모 때를 포함하면, 전부 8번이나 괌을 다녀온 셈이다. 또 다른 이유는 괌과 하와이가 가지고 있는 유사성과 연계성이 많기 때문이다. 국제 날짜변경선을 기준으로 각각 서쪽과 동쪽에 있는 괌과 하와이를 비교해 보면, 미국의 태평양 전략에 대해 더 잘 이해할 수 있게 된다. 마지막으로 2차 세계대전 태평양 전쟁의 중요한 역할을 한 괌의 군사사(軍事史)와 국제정치사에 대해 나만의 기록을 남기기 위해서이다. 괌 이야기를 쓰기 위한 변명을 늘어놓은 기분이나, 그동안 나의 괌에 대한 경험을 기록한다는 생각에 설렌다.

괌은 우리나라와도 적지 않은 연결고리를 가지고 있다. 괌은 거리 3,400km, 한국과 시차 1시간, 비행시간 4시간, 미국 영토라는 이유로 우리 관광객들이 가장 많이 찾는 해외 여행지이다. 괌의 크기는 제주도의 1/3 정도이다. 남북으로 약 1,000km 길게 늘어져 있는 15개 섬으로 이루어진 마리아나 제도 최남단 도서이다. 인터넷에 괌을 검색하면 '초보관광, 효도관광, 우정여행의 최적지', 이른바 '보급형 하와이'라고 나온다. 하와이 방문 절대다수가 일본인이라면, 괌에서는 한국인이 넘버원이다. 코로나19 전 2019년에는 한국인 100만 명이 괌을 방문했다고 한다. 2024년 기준 괌 인구 17만여 명 중 우리 교민들은 약 4%인 7,000명 정도이다. 괌과 북마리아나 연방(CNMI, Commonwealth of the Northern Mariana Islands)을 담당하는 주하갓냐 출장소는 주호놀룰루총영사관 관할이다. 괌 아프라항에는 미 해군기지가 있어 태평양을 항해하는 우리 해군함정들이 수시로 방문하는 단골 기항지이기도 하다. 글을 쓰는 이 순간에도 2024년 림팩훈련 참가 예정인 충무공이순신함(DDH-975)이 괌 아프라항에 입항해 있다. 역사적으로 괌은 2차 세계대전 기간에 4년간 일본의 식민지배를 받았다. 사이판과 괌의 활주로 건설과 사탕수수 노동에 우리나라 강제징용자 수천 명이 동원되기도 했다.

괌 원주민은 차모로(Chamorro)인이다. 그들은 괌에서 4,000년 넘는 거주 역사를 지니고 있다. 괌은 포르투갈 출신 스페인 탐험가 페르디난드 마젤란에 의해 1521년에 발견되었고 1565년부터 1898년까지 333년간 스페인 식민지였다. 스페인의 영향과 선교사들의 활동으로 괌에는 일찍감치 가톨릭 문화가 정착했다. 괌과 사이판, 티니안, 로타섬 등을 일컫는 마리아나 제도는 당시 마젤란의 탐험을 후원했던 스페인 국왕 필립 4세 부인 마리아나(Maria Anna of Austria)의 이름에서 가져왔다고 한다. 19세기 말 미국이 태평양의 무대에 등장하게 된 결정적 사건은 바로 1898년 쿠바와 필리핀에서 있었던 미국과 스페인 간 전쟁이었다. 이 전쟁에서 승리한 미국은 스페인의 해외영토였던 필리핀, 쿠바, 푸에르토리코와 함께 괌의 지배권을 갖게 된다. 당시 미국 맥킨리 대통령은 괌을 미 해군성 아래 두고 본토에서 필리핀으로 이동하는 선박들의 석탄 보급과 통신기지를 위한 중간기착지로 활용한다.

괌의 군사전략적 가치는 2차 세계대전을 통해 드러난다. 진주만 공습 직후인 1941년 12월 8일 일본은 미국령 괌을 기습 공격한다. 이른바 1차 괌 전투이다. 일본은 사이판 주둔 일본군을 동원해 괌을 손쉽게 점령한다. 괌 북쪽 약 200km 지점에 있는 사이판은 독일의 1차 세계대전 패전 이후 일본의 보호령이었다. 일본은 1930년대부터 사이판에 병참기지를 건설하면서 약 3만 명의 군인을 주둔시켜왔다. 반면 당시 괌에는 수백 명 수준의 미 해군과 해병대 병력만 주둔하고 있었다. 일본의 괌 점령 후 1944년 7월까지 괌 차모로인들은 일본의 가혹한 식민지배를 받는다. 괌 원주민들의 일본에 대한 감정은 아직도 좋지 않다고 한다. 일본은 남서태평양의 전략적 요충지 마리아나 제도 전반에 동태평양 진출을 위한 비행기지와 활주로를 건설한다.

진주만 공습 이후 태평양함대사령관이 된 니미츠 제독은 1942년 5월 산호해 해전, 6월 미드웨이 해전, 8월 솔로몬 해전으로 전세를 역전시킨다. 이후 1944년 6월 필리핀과 마리아나 제도 사이에서 벌어진 필리핀해 해전(또는 마리아나 해전)은 미국과 일본의 항모전단이 정면으로 맞붙은 최후의 해전이었다. 결과는 미국의 대승리였다. 일본은 항모 3척과 400여 대 넘는 함재기를 잃게 된다. 일본 연합함대의 함대 항공력이 전멸한 것이다. 필리핀해 해전 승전 이후 니미츠 제독은 일본이 1943년에 설정한 '절대국방권'에 속한 마리아나 제도와 팔라우 제도 확보를 위한 '포레저 작전(Operation Forager)'을 기획한다. 현장지휘관은 미드웨이 해전을 승전으로 이끈 당시 5함대사령관 스프루언스 제독이었다. 포레저 작전에는 일본의 마리아나 제도 지상항공력을 완전히 파괴하고 일본본토에 대한 직접 공격이 가능한 비행기지 확보라는 전략적 함의가 있었다. 물론 진주만 공습과 함께 일본에 뺏긴 미국 영토를 되찾는다는 상징적 의미도 있었다.

1944년 6월 15일부터 7월 9일까지 7만여 명의 미군은 대규모 상륙작전을 통해 일본령 사이판을 공격하고 점령한다. 사이판 전투에서 미군 3,500여 명과 일본군 23,000여 명이 전사한다. 전투에 패한 일본인들이 집단으로 뛰어내려 자살한 만세 절벽(Banzai Cliff)이 잘 알려져 있다. 나도 1996년 해사 4학년 시절 순항훈련으로 사이판에 기항했을 때 그곳을 찾았던 기억이 있다. 한 발만 더 내디디면 수십 미터 아래로 떨어지는 아찔한 절벽이었다. 일본인에게는 가슴 아픈 역사의 기억을 담고 있는 곳이었다. 필리핀해 해전과 사이판 전투 패배로 인해 태평양 전쟁을 일으킨 일본의 군인 출신 내각총리대신 도조 히데키(東條英機, 1884~1948) 총리가 사퇴한다.

사이판 점령 직후 미군의 괌 공격이 시작된다. 2차 괌 전투이다. 일본에 괌을 빼앗긴 지 약 33개월 만이었다. 2차 괌 전투는 7월 21일 시작되어 8월

10일까지 이어진다. 미 해병대 3해병상륙단과 육군 77보병사단 60,000여 명이 투입되었다. 전투 중 미군 3,000여 명과 일본군 18,000여 명이 전사한다. 당시 일본군 패잔병 7,500명은 깊은 정글로 들어가 장기 게릴라전을 펼친다. 최후의 일본군 요코이 쇼이치는 무려 30여 년 동안 자신이 만든 지하 방공호에 숨어 살다가 1972년 1월 24일에 발견되었다. 전쟁의 결과가 개인의 삶에 미칠 수 있는 영향이 얼마나 큰 것인가.

2차 괌 전투 이후 태평양함대사령관 니미츠 제독은 태평양함대 본부를 하와이에서 괌으로 옮기고 일본이 항복할 때까지 그곳에서 전쟁을 지휘한다. 그 당시 사령부가 있었던 지역은 '니미츠 힐'이라고 부른다. 현재 니미츠 힐에는 마리아나합동지역사령부(JRM, Joint Region Marianas)가 자리 잡고 있다. (JRM은 다음 이야기에서 다룬다) 마리아나 제도 확보로 미군은 드디어 일본본토를 직접 폭격할 수 있는 지상 비행장을 얻게 된다. 괌은 마리아나 제도의 가장 큰 섬이고 일본군이 만든 활주로 시설이 이미 갖추어져 있었다. 당시 미국 보잉사의 신규 폭격기 B-29 슈퍼포트리스는 작전반경이 3,000마일로 괌에서 일본을 한 번에 비행하는 작전을 수행할 수 있었다. 그때까지 미군의 일본본토 공격은 1942년 4월 18일 진주만의 복수로 시행되었던 둘리틀 특공대 공습(Doolittle Raid)이 유일했다. 영화 '미드웨이(2019)'에 둘리틀 중령이 지휘하는 B-25 미첼 경폭격기 16대가 궂은 날씨에 호넷 항모 갑판에서 해상출격하는 장면이 나온다.

▌ 1945년 괌 놀스필드에 대기 중인 B-29 슈퍼포트리스
출처: US Air Force

앤더슨 공군기지(Andersen AFB)는 우리에게 잘 알려진 괌의 미군기지이다. 괌 앤더슨 기지에는 지금도 핵탄두를 탑재할 수 있는 전략폭격기 B-52가 수시로 전개한다. 이따금 한반도 상공에 출격하는 미군의 전략자산 B-1B와 B-52는 대부분 괌 앤더슨 기지에서 출격한다. 현재 앤더슨 기지는 영국령 디에고 가르시아(인도양)와 함께 인태 지역에서 전략폭격기를 운용할 수 있는 유일한 미군기지이다. 앤더슨의 폭격기 역사가 시작된 것이 바로 미군의 괌 재탈환 이후부터이다. 1944년 8월 이후 미군은 괌에 5개의 활주로를 건설한다. 2개는 해군용이었고 3개는 당시 최신폭격기 B-29를 위한 육군항공 활주로(Guam Depot Field, North Field, Northwest Field)였다. 비행기지 건설과 함께 당시 육군항공 소속 7공군 11폭격단이 괌에 전개한다. (7공군의 역사는 히컴기지편 참고)

1944년 11월 1일 괌에서 출격한 B-29가 처음으로 일본 동경 상공까지 비행하고 복귀한다. 11월 24일부터는 괌 출격 B-29 부대의 동경 공습이 본격적으로 시작된다. 1942년 둘리틀 공습 이후 처음이었다. 부대명이 된 앤더슨(James "Jimmie" Roy Andersen, 1904~1945)은 미 육사를 졸업한 육군 보병장교였다. 그는 1944년 당시 태평양공군사령관 격이었던 태평양해양지역 육군항공사령관 하몬(Millard F. Harmon, 1888~1945) 중장의 참모장이었다. 앤더슨 준장은 마리아나 제도의 B-29 비행기지 건설과 일본 본토 폭격계획을 총괄했다. 1945년 2월, 불행히도 하몬 사령관과 앤더슨 참모장이 타고 있던 항공기가 마셜제도에서 하와이로 이동 중에 실종된다. 이후 괌 디포 필드는 하몬 기지(1945)로, 놀스 필드는 앤더슨 기지(1949)로 이름이 붙여진다.

1945년 3월부터 7월까지 미군은 일본 주변 해역에 기뢰를 설치하여 해상보급을 차단하는 이른바 '기아작전(Operation Starvation)'을 수행한다. 괌에서 출격한 B-29에 의해 12,000여 개의 기뢰가 해상에 투하되었고 이로 인해 일본은 총 670여 척, 약 125만 톤의 선박을 잃게 된다. 일본에게는 2차세계대전 기간 중 가장 큰 선박 피해였다. 1945년 8월 6일과 9일에는 마리아나 제도 티니언섬에서 출격한 B-29가 각각 히로시마와 나가사키에 인류

역사상 최초의 핵폭탄 리틀보이(Little Boy)와 팻맨(Fat Man)을 투하한다. 필자는 2022년 2월 미군의 C-130 수송기를 타고 괌에서 사이판을 거쳐 티니언섬을 방문했다. 태평양공군사 코프 놀스(Cope North) 훈련 참관 목적이었다. 티니언섬 정글 한복판에서 B-29에 리틀보이와 팻맨을 탑재했던 적하 지점을 방문했다. 삼각 지붕 모양으로 된 유리 시설 안에 핵폭탄 탑재 과정과 상황이 설명되어 있었다. 괌 군사사(軍事史)의 역사적 현장이었다.

▌티니언섬의 원자폭탄 적하 지점(22.2.10.) ▌티니언섬의 2차 대전 일본군 유적(22.2.10.)

　리틀보이와 팻맨 투하 후 8월 15일 일본은 무조건 항복을 선언한다. 9월 2일에는 동경만 미주리함에서 일본의 항복문서 체결식이 열린다. 당일 괌에서 이륙한 400여 대의 B-29들이 동경만 상공을 비행하며, 현장에서 미군의 항공력을 현시했다고 한다. 또한, 같은 날 일본의 항복문서 체결식 사진을 미 대통령에게 보고하기 위해 동경에서 이오지마를 거쳐 오하이오주 라이트 패터슨 기지까지 사진을 가져온 것도 B-29였다고 한다. 일설에는 실제 일본의 항복문서 원본도 B-29가 미국 본토로 배달했다는 이야기도 있다. 이처럼 마리아나 제도의 비행기지와 B-29는 미국의 태평양 전쟁 승리와 일본의 조기 항복을 가능케 한 주역이었다.

　2017년 12월 순항훈련 인사참모로 근무하며 두 번째로 괌을 방문했다. 괌은 그해 순항훈련 코스였던 동남아와 중동지역 10개 기항지 중 9번째 기항지였다. 마지막 기항지는 일본 요코스카였다. 필자로서는 1997년 소위 시절 순항훈련으로 괌을 방문하고 20년 만의 재방문이었다. (인사참모의

끈질긴 요청으로) 미
군 측 협조하에 전단
지휘부와 72기 4학
년 사관생도 모두를
인솔하여 앤더슨 공
군기지를 견학했다.
당시 앤더슨에는 '죽
음의 백조'라고 불리

72기 해사 생도들과 앤더슨 기지 B-1B(2017.12.6.)
출처: 국방일보

는 B-1B 랜서가 전개해 있었고 우리는 활주로에 나가 B-1B 전략폭격기를
바로 눈앞에서 직접 볼 수 있었다. 함께 간 국방일보 기자는 연신 카메라 셔
터를 눌러대면서 국내방송이 B-1B를 현장에서 직접 찍은 것은 처음이라고
나에게 고마워했던 기억이 있다. 그때까지만 해도 괌과 앤더슨이 지닌 어
마어마한 태평양 전쟁 군사사에 대해서는 무지했었다.

　하와이무관의 업무영역을 날짜변경선 서쪽 괌까지 지리적으로 경험적
으로 확장할 수 있었던 것이 내심 자랑스럽다. 아는 만큼 보이고 생각과 경
험의 폭도 그만큼 넓어진다. 나는 반복되는 괌 방문을 통해 태평양 전쟁에
서부터 비롯된 괌의 군사전략적 가치를 알게 되었다. 역사는 뒤풀이 된다.
괌의 역할은 과거에만 머무르지 않는다. 다음 이야기에서는 2차 세계대전
이후 괌의 변화와 현재의 모습에 관해 이야기하고자 한다.

_____ *24.6.15.*

날짜변경선 서쪽 미국의 전략영토
괌의 군사사(軍事史) 이야기 둘

앞서 다룬 태평양 전쟁 당시 괌 그리고 앤더슨 기지 B-29에 관한 이야기는 괌을 직접 방문하지 않았다면 알 수도 없었고 어쩌면 관심도 없었을 기록들이다. 하와이무관으로 괌을 다녀가면서 하와이와 괌의 물리적, 관계적 거리를 알게 되었고 국제 날짜변경선 서쪽과 동쪽의 구분도 생겼다. 머릿속 태평양 지도에서 하와이와 괌의 상대적 위치도 가늠할 수 있게 되었다. 하와이가 미국의 후방 전략기지라면 괌은 전방 작전기지이다. 괌은 태평양 전쟁 당시 일본이 1943년 설정한 '절대국방권선'에 속해 있었고 지금은 중국해군 류화칭 제독에 의해 1980년대 설정된 '제2도련선'의 경계이다. 괌은 날짜변경선 서쪽 유일한 미국의 영토이다. 미국의 하루가 시작되는 곳이다. 괌 앤더슨 기지에는 아직도 미 전략폭격기가 주기적으로 순환 배치한다. 그들은 수시로 한반도와 동중국해, 남중국해와 같은 전방지역에서 미국의 군사력을 현시한다.

괌 앤더슨 기지의 역할은 2차 세계대전에서 멈추지 않았다. 1949년 미군은 괌의 다른 비행장들은 모두 폐쇄하고 공군의 앤더슨 기지만 영구기지화했다. 곧바로 이어진 6·25 전쟁 동안 앤더슨 소속 괌 19폭격단 B-29는 오키나와 가데나 기지로 전개하여 북한에 대한 폭격 지원 임무를 수행한다. 1964년에는 당시 최신폭격기인 B-52가 처음으로 앤더슨 기지에 도착한다. 1965년부터 8년 동안 앤더슨에서 출격한 수많은 B-52 전략폭격기가 베트남전에 투입되었다. 앤더슨 기지와 B-52가 동일시된 것이 바로 이때였다. 전쟁 후에는 베트남의 많은 난민이 괌을 경유 미국 본토로 후송되었다.

▌ 마리아나합동지역사 회의실 괌 컨퍼런스 사진(22.8.16.)

1960년대 후반 베트남전과 관련된 현대 국제정치사에 남을 두 가지 사건이 괌에서 일어난다. 아마도 베트남전에 있어 앤더슨 기지의 중심적 역할 때문이었을 것이다. 1967년 3월 21일 당시 미국의 린든 B. 존슨 대통령(LBJ)이 국무장관 딘 러스크, 국방장관 로버트 맥나라마와 함께 현직 미국 대통령 최초로 괌을 방문한다. 존슨 대통령은 남베트남 티우(Nguyen Van Thieu) 대통령과 키(Nguyen Cao Ky) 총리를 만나고 '괌 컨퍼런스'를 통해 미국의 대베트남 정책과 남베트남 방위공약을 천명한다. 지금도 니미츠 힐 JRM 회의실에는 당시 존슨과 티우 대통령, 내각 주요참모들이 마주 앉아 회의했던 서핑보드 모양의 대형 탁자가 있다. (JRM 사령관은 필자에게 그 탁자가 50년 넘게 회의실에 남아 있는 이유는 너무 커서 문밖으로 나갈 수 없기 때문이라고 했다) 당일 회의 시 양국 대통령과 장관들이 앉았던 자리에는 그들의 직책과 이름이 명시된 명판이 붙여져 있다. 다른 사람들과 마찬가지로 나도 방문할 때마다 LBJ 자리에 앉아 그날의 경험을 공유했다.

▌ 마리아나지역사 회의실 서핑보드 탁자(21.12.1.)

2년 후 1969년 7월 25일에는 리처드 닉슨 대통령이 아시아 순방 중에 괌을 방문한다. 닉슨은 부통령 시절인 1956년 괌을 한번 방문한 적이 있었다. 닉슨은 괌에서 후에 '닉슨 독트린'으로 더 잘 알려진 당시 '괌 독트린'을 발표한다. 괌 독트린은 "아시아 국가의 안보는 아시아 국가 스스로 지켜야 한다."라는 미국의 대아시아 동맹국 정책 변화의 중요한 기점이 된다. 이른바 '베트남전의 베트남화'이다. 닉슨 독트린은 이후 1970년대 미중 데탕트를 이끌게 된다. 또한 한반도에서는 남북한의 일시적 관계 개선과 주한미군 일부 철수에 큰 영향을 미친다.

냉전 기간 내내 괌은 미국의 서태평양과 동아시아 지역에 대한 전략적 거점이었다. 1980년대 당시 미국의 상대는 소련이고 목표는 봉쇄였다. 1980년대 말 필리핀의 미군 철수에 따른 미 해군 수빅 베이와 클라크 공군 기지 폐쇄가 결정되면서, 괌의 작전/군수보급 기지 역할은 더 중요해졌다. 1991년 걸프전까지만 해도 앤더슨 기지는 병력과 화물, 탄약의 저장과 수송기지로 중요한 역할을 담당했다. 하지만 냉전의 종식은 괌에도 큰 변화를 가져온다. 2021년 말 괌 해군기지에 방문했을 때, 해군기지장 러켓 대령은 나에게 1990년대 중반부터 2010년까지 괌 미군기지는 '슬리핑 타운'이었다고 말했다. 그러나 되돌아보면 그리 길지 않은 평화의 시기였다.

2000년대 후반부터 시작된 중국의 경제적 부상과 군사력 증강은 괌에 새로운 활기를 불어넣게 된다. 현재 괌 아프라항은 미 해군 군항 중에서 함정 이동량이 가장 많은 항구 중 하나이다. 괌은 미국의 대중국 전략경쟁을 위한 최전방 군사기지이다. 현재 아프라항에는 15잠수함전대 소속 핵추진 공격잠수함(SSN) 여러 척과 잠수함지원함이 전개해 있다. 괌에서 출항하는 SSN은 3일의 수중항해로 남중국해 작전해역에 도착한다. 또한, 괌은 전방 지역에 전개하는 항공모함, 전략핵추진잠수함(SSBN), 이지스구축함이 군수보급과 휴식을 위해 수시로 방문하는 기항지이다.

2009년 괌에 합동마리아나지역사령부(JRM)가 창설된다. 2024년 현재 JRM 사령관은 해군준장이고 부사령관은 앤더슨 기지 36비행단장인 공군준장이 겸임한다. JRM은 괌과 마리아나 제도 전 지역의 군부대와 시설을 관리한다. 사령관은 괌, 북마리아나제도, 팔리오, 미크로네시아 연방 등 마리아나 지역 전체를 대표하는 미군 최고 선임자이다. 최근 괌의 또 다른 변화는 주일미군 재편계획에 따라 오키나와 주둔 미 해병대 병력이 괌으로 이전하는 것이다. 이를 위해 2020년 괌에 해병대 기지 캠프 블라즈(MCB Camp Blaz)가 창설되었다. 미 해병대가 신규 기지를 창설한 것은 70여 년 만에 처음이라고 한다. 블라즈(Vicente "Ben" Tomas Carrido Blaz) 준장은 괌 차모로인 출신 최초의 미 해병대 장성이었다. 그는 1941~1944년 일본이 지배하는 식민지 생활을 경험했다. 준장 전역 후에는 미 연방하원 괌 대표에 여러 번 당선되었다. 2024년부터 오키나와 주둔 미 해병대 병력 5,000여 명이 캠프 블라즈로 이전할 예정이다. 미 해병대의 신개념부대 해병연안연대의 괌 배치도 검토되고 있다. 괌 해군기지, 앤더슨 공군기지에 이어 캠프 블라즈 해병기지까지, 괌은 미국 인태전략의 중요한 군사허브로 발전하고 있다.

2020년 미 공군은 본토가 아닌 기지에서는 전략폭격기를 상시배치 하지 않는 것으로 결정한다. 이후부터 B-1B 랜서, B-2 스피릿, B-52 스트라토포트레스가 순환배치 개념으로 괌에 전개하게 된다. 미군은 전략폭격기가 언제 배치되고 언제 떠나는지 사전에 공개하지 않는다. 앤더슨 36비행단장은 나에게 다음과 같이 설명했다. 순환배치 개념은 적이 (전략폭격기가 배치되는 것을) 전략적으로는 예측할 수 있지만, 작전적으로는 예측하기 어렵게 하는 목적이 있다. 다시 말하면 전략적 수준에서 강한 억제 메시지를 발신하고 작전적 수준에서는 적의 표적 문제 해결을 어렵게 한다는 의미이다. 전 태평양공군사령관 윌스바흐 대장은 신속전투전개(ACE, Agile Combat Employment) 개념을 발전시켰다. 평상시 공군부대와 기지, 전력을 각 도서에 분산시킴으로써 적 위협으로부터 생존력을 높이고 필요하면 신속하게 집결시켜 치명성을 높이는 개념이다. 최근 미 태평양공군이 팔라우, 티니안 등 남태평양 도서 지역에 공군력 전개 훈련을 활성화하고 있는 이유가 여기에 있다.

괌 면적의 27%가 군사기지라고 한다. 흔히 괌을 동아시아를 향한 '미군

■ 앤더슨 공군기지 36비행단 본부(22.2.10.)

의 창끝(tip of the spear)'
이라고 호칭한다. 앤더
슨 기지의 주인은 36비행
단이다. 36비행단은 원
래 1948년 유럽에서 창
설되었으나, 1994년 해
체된 후 같은 해 괌에 재
창설되었다. 36비행단의
부대모토는 '포워드 에지
(Forward Edge, 전방의 모서리 또는 전방의 우위)'이다. 36비행단은 괌, 싱
가폴, 영국령 디에고 가르시아에 기지를 운용한다. 이처럼 괌은 날짜변경
선 서쪽의 미국 전략영토이며 미국의 하루가 시작되는 곳이다.

괌은 적대국으로부터 위협도 크다. 북한 김정은은 2017년 화성-12 탄
도미사일로 괌 주변을 포위사격 하겠다고 위협했다. 트럼프 대통령은 이
를 그 유명한 '화염과 분노(fire and fury)'로 대응했다. 중국 인민해방군 공
군은 2020년 미 앤더슨 기지로 추정되는 모의시설을 폭격하는 훈련 동영상
을 공개했다. 현재 인태사령관의 최우선순위 중 하나는 괌에 미사일방어체
계를 구축하는 것이다. 매년 미국의 국방수권법에는 태평양억제구상(PDI,
Pacific Deterrence Initiative)의 일환으로 괌 미사일방어 예산이 반영된다.
적대국의 미사일이 더 멀리, 더 빨리, 더 정확하게 날아오는 만큼 서태평양
군사허브인 괌의 미사일 방어체계도 발전하고 있다.

괌은 우리 해군과 공군이 수시로 방문하는 친숙한 곳이다. 나도 해군생
활 3번의 순항훈련 중 괌에 2번 방문했다. 현재 스키너 광장에 만들어져 있
는 한국전참전위령비는 1982년 현지 방문했던 해군 순항훈련전단이 모금
한 기금에서 비롯되었다고 한다. 우리 해군과 괌의 특별한 인연이 또 있다.
바로 2009~2011년 주한미해군사령관으로 한국에 근무한 괌 출신 구마타오
타오(Peter Aguon Gumataotao) 제독이다. 그는 해군소장으로 예편 후 2024
년 현재 호놀룰루 소재 아태안보연구소(APCSS) 소장으로 근무 중이다. 구

마타오타오 제독은 한국문화와 음식, 한국사람과 한국해군을 무척 좋아한다. 특별히 감자탕을 좋아한다. 우리 해군장성들에게는 이름 때문에 원구마투타오(One Guma Two Tao)라는 별칭으로 불린다. 하와이무관으로 근무하며 깊은 인연을 갖게 된 분이다.

▎ APCSS 구마타오타오 소장님과 함께(21.10.16.)

이제 괌 이야기를 맺고자 한다. 한 달 후인 7월 21일은 1944년 2차 괌 전투 개시일이자 괌 해방기념 80주년이다. 인태사령관 파파로 제독이 기념식에 주빈으로 참가한다고 들었다. 80년 전 미국과 일본 간 태평양 전쟁의 중심지였던 괌이 또다시 미국과 중국 간 전략경쟁의 한가운데 놓여 있다. 1945년 미주리함 항복문서 체결식 때 중국은 미국과 함께 승전국인 연합군의 일원으로 서명했다. 역사는 아이러니하게 되풀이되나 보다.

_____ *24.6.22.*

Part
03

하와이
이민사 篇

카메하메하대왕에서
릴리우오칼라니여왕까지
하와이왕국과 군주들

내 머릿속 하와이는 언제나 미국의 한 부분이었다. 진주만도 그렇고 와이키키도 항상 미국 땅이었다고 생각해왔다. 태평양은 내가 태어나기 전부터 이미 미국의 바다였다. 하와이에 살면서 이곳이 1959년에서야 편입된 미국의 마지막 주라는 것도, 1898년 미국령이 되기 전에 100년간 '하와이왕국'의 역사가 있었다는 것도 알게 되었다. 거리에서 자주 접하는 카메하메하, 칼라카우아, 루나릴로, 카피올라니, 릴리우오칼라니가 하와이를 통치한 왕과 왕비, 여왕의 이름이라는 것도 배우게 되었다. 하와이를 제대로 경험하고 이해하고, 사랑하기 위해서는 하와이왕국의 역사를 알아야 한다. 마치 조선왕조를 모르면 우리나라 근현대사를 이해하지 못하는 것과 같다. 카메하메하 대왕이 1795년 통일왕국을 세우고 1893년 마지막 군주 릴리우오칼리니 여왕이 폐위되기까지, 19세기 서구열강 제국주의의 거친 물결에서 생존해 온 하와이왕국의 통치역사는 흥미롭다. 뜻밖에 놀라게 되는 부분이 많다.

900년부터 1200년 사이에 폴리네시안 사람들이 하와이로 이주했다고 한다. 하와이제도가 서구에 본격적으로 알려진 것은 제임스 쿡 선장이 유럽인 최초로 1778년 카우아이섬에 도착한 이후이다. 그 유명한 쿡 선장은 불행히도 이듬해 빅아일랜드에 방문했을 때 그곳 원주민에게 살해당한다. 1795년 하와이 모든 섬을 정복해 통일왕국을 세운 것은 빅아일랜드 출신 카메하메하(Kamehameha) 대왕이다. 그가 통일 전쟁에서 승리할 수 있었던 것은 쿡 선장 이후 빅아일랜드를 방문한 유럽인들로부터 배운 군사기술 덕분이었다. 하와이왕국이 초기에 유럽과 서구문화에 호의적이었던 이유는 여기에 있었을 것이다. 카메하메하 대왕이 영국인 밴쿠버 선장으로부터 선물 받은 영국기 '유니언 잭'은 1816년까지 비공식 하와이 국기로 사용되었다고 한다. 현재 하와이주기에 유니언 잭이 들어가 있는 이유도 여기에 있다. 총영사관 인근 팔리 전망대는 카메하메하 대왕의 오아후섬 정복 마지막 싸움이었던 '누우아누 전투' 현장이다. 한국관광객에게는 '바람의 언덕'으로 알려져 있다. 그곳에는 수많은 원주민 전사들이 절벽 아래로 떨어지는 그림이 있다. 통일왕국의 시작을 알리는 전투였다. 카메하메하 왕조 초창기 수도는 마우이섬 라하이나(Lahaina)였다. 라하이나는 2023년 8월 마우이 산불로 큰 피해를 본 곳이다.

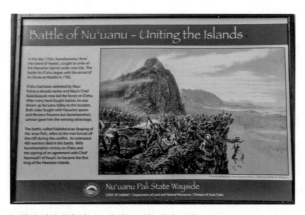

▌ 팔리 전망대에 있는 누우아누 전투 설명 그림(24.3.7.)

19세기 백 년간 총 여덟 명의 군주가 하와이를 통치한다. 마치 '태정태세문단세' 조선시대 왕들의 주요업적을 나열하고 단답식 문제를 푸는 것 같지만, 그래도 간략히 정리해 보자. 결론부터 말하자면 당시 하와이 군주들은 상당히 개방적이고 독립적이며, 국제적이었다.

하와이주 대법원 앞에는 거대한 금색 동상이 세워져 있다. 바로 카메하메하 대왕이다. 그의 동상은 총 4개이며, 오아후섬에 1개, 빅아일랜드에 2개, 워싱턴 D.C.에 1개가 있다. 카메하메하 1세(재위 1795~1819)의 공적은 각 섬을 정복하여 최초의 왕국을 세우고 그 기틀을 확립한 것이다. 1795년 왕국이 선포되고 1810년 마지막 카우아이섬이 협상으로 왕국에 통합되었다. 당시 관습에 따라 여러 부인들이 있었던 카메하메하 1세는 특히 카아후마누(Ka'ahumanu) 왕비를 사랑했다. 그녀는 후에 크리스천으로 개종하고 카메하메하 3세 때까지도 하와이 사회에 큰 영향을 미친다.

카메하메하 2세(재위 1819~1824)는 장기간 하와이를 지배해왔던 종교의식이자 생활양식인 '카푸(Kapu)' 제도를 폐지한다. 카푸 폐지에는 카아후마누 왕비의 역할도 컸다. 카메하메하 2세는 1824년 영국 국빈 방문 중 홍역에 걸려 26세의 나이로 부인과 함께 사망한다. 카메하메하 3세(재위 1824~1854)는 상대적으로 장기간 통치하면서 중요한 업적을 많이 남긴다. 그는 정부조직을 만들고 영미식 법률체계를 받아들여 하와이를 근대화한다. 1840년 헌법을 제정하고 1848년 근대식 토지 소유제도를 확립한다. 수도를 라하이나에서 오아후섬 호놀룰루로 이전한 것도 그였다. 카메하메하 3세는 40세에 심장마비로 사망한다.

카메하메하 4세(재위 1855~1863)는 어릴 적 선교사들로부터 프랑스어를 배우고 후에 카메하메하 5세가 된 형과 함께 일찌감치 세계 곳곳을 방문했다. 20대였던 그들 형제는 미국 샌프란시스코, 뉴욕, 워싱턴 D,C,와 유럽 여러 나라를 방문했다. 미국의 테일러 대통령, 프랑스의 루이 나폴레옹 Ⅲ세를 만났다. 대단하지 않은가? 카메하메하 4세의 관심은 미국으로부터 하와이의 독립을 지켜내는 것이었다. 그는 전왕이 시작한 하와이의 미국령 편입 협상을 중지한다. 그는 하와이에 처음으로 영국 성공회 교회를 만들고 영국계 양부모를 둔 엠마 루크(Emma Rooke)와 영국식으로 결혼한다. 하지만 만성 천식으로 인해 29세에 사망한다.

카메하메하 5세(재위 1863~1872)는 카메하메하 대왕 시절과 같은 절대군주제 복권을 추구했다. 서구 문물로부터 하와이의 전통을 지키기 위해 노력하지만, 42세 나이로 사망한다. 이로써 5대 약 80여 년에 걸친 카메하메하 왕조가 막을 내린다. 하와이 6번째 군주 루나릴로왕(재위 1873~1874)은 처음으로 국민과 의회의 투표로 선출된 군주이다. 카메하메하 대왕의 조카손자인 그는 '국민의 왕'으로 알려졌다. 루나릴로는 전왕과는 달리 하와이에 민주적 정부를 만들고 침체에 빠진 하와이 경제 회복을 위해 노력했다. 아쉽게도 그는 즉위 1년 만에 결핵으로 죽는다. 그의 나이 39세였다.

카메하메하 왕조는 초기부터 전근대적 관습과 전통을 폐지하고 서구식 제도와 문물을 수용했다. 1800년대 초반부터 미국과 유럽 대륙을 방문하고 1840년에 영미식 정부조직과 헌법을 만든 점은 놀랍기만 하다. 엠마 왕비는 1865년 영국을 방문하여 빅토리아 여왕을 만난다. 팔리 하이웨이 인근 엠마여왕 여름별장에 가면 엠마와 빅토리아 여왕이 교류했던 서신을 볼 수 있다. 당시 하와이왕국의 국제성은 하와이의 지리적 위치와 서구 유럽의 영향, 군주들의 전향적 사고가 결합한 산물이었다. 또한, 정식 군대도 없이 서구열강으로부터 100여 년간 독자적 군주제를 유지할 수 있었다는 점도 놀랍다. 다만 홍역, 결핵과 같은 서양 병균의 위협에 노출된 점이 아쉽다. 왕들 대부분이 20대에서 40대 사이에 질병으로 사망했다. 군주조차 그러했으니 하와이 원주민들의 상황은 더욱 심했을 것이다. 슬픈 일이다. 실제 하와이 원주민 인구는 1780년대 30만여 명에서 1890년대에는 4만여 명 수준으로 감소한다.

1874년 카메하메하 4세의 왕비 엠마 루크와 왕족 데이빗 칼라카우아(Kalakaua) 간 국민투표에서 칼라카우아(재위 1874~1891)가 새로운 왕으로 선출된다. 그는 카메하메하 대왕 동상을 세우고 미연방 내 유일한 왕궁인 이올라니(Iolani) 궁전을 건축한다. 칼라카우아 왕은 왕권 확립과 왕국 유지를 위해 노력하지만, 이미 그의 왕국은 미국의 정치·경제·문화적 지배하에 있었다. 1875년

▌ 이올라니 궁전 앞에서 가족들(22.10.1.)

하와이왕국은 미국과 '상호조약(The Reciprocity Treaty)'을 맺고 하와이 설탕의 무관세 미 본토 수출을 합의한다. 하지만 대가는 컸다. 미국은 오랫동안 원했던 천혜의 항구 진주만의 독점 사용권을 얻게 된다. 미국은 진작부터 미 서부해안 보호와 아시아 지역 진출을 위해 하와이 진주만을 해군기지로 사용하길 원했다.

사탕수수 농장과 설탕은 하와이 경제의 중요한 축이었다. 1835년경 카우아이섬에서 처음 시작된 사탕수수 산업은 캘리포니아 골드러쉬, 남북전쟁과 연계하여 하와이의 최대 산업으로 성장한다. 이는 하와이의 국제화를 촉진하는 계기가 된다. 사탕수수 농장주들이 아시아 지역에서 싼 노동인구를 들여오기 시작했기 때문이다. 1850년대 중국인 노동자들부터 시작해서, 일본인, 한국인, 필리핀 이민자들이 하와이에 정착하게 된다. 100년 동안 약 34만 명의 외국 노동자들이 하와이로 이주했다고 한다.

1881년 칼라카우아왕은 하와이 사탕수수 노동자 이민 유치를 위한 세계일주 여행을 떠난다. 일본 방문 시 그는 메이지 천황을 만나서 하와이를 일본의 보호 아래 두는 것을 비밀리에 협상한다. 그는 조카 카이울라

니(Kaiulani) 공주(5세)와 요리히토(Yorihito) 왕자(13세)의 혼인을 주선한다. 하지만 미국과 관계 악화를 우려한 일본 천황은 이를 거절한다. 1887년에는 왕권이 약화되고 정치인과 상인들의 권력이 강화되는 '총검헌법(Bayonet Constitution)'이 제정된다. 칼라카우아 왕은 1891년 샌프란시스코 방문 중 병환으로 54세에 사망한다.

릴리오우칼라니 여왕 사진 액자

하와이왕국의 마지막 군주는 릴리우오칼라니(Lili'uokalani, 재위 1891~1893) 여왕이다. 그녀는 널리 알려진 하와이 민속가요 '알로하 오에(Aloha Oe)'를 작곡했다. 릴리우오칼라니 여왕은 새로운 헌법 제정을 통해 약화된 왕권과 군주제를 강화하고 하와이 주민들의 권리를 보호하려고 했다. 그러나 이는 군주제 반대세력과 영토편입 지지자, 개혁당 정치인들의 저항과 함께 왕국의 전복을 초래한다. 즉위 2년 차였던 1893년 1월 17일 여왕은 폐위되고 친미 식민주의자 돌(Sanfold B. Dole)의 임시정부가 수립된다. 이어서 2월 1일 미국은 하와이를 미국의 보호령에 둔다고 발표한다. 여왕이 살던 이올라니 궁전에는 미국의 국기가 올라가고 계엄령이 선포된다. 1894년 7월 1일에는 돌 대통령의 하와이공화국이 시작된다.

1896년 미국에서는 하와이 영토편입 지지자 윌리엄 맥킨리 대통령이 당선된다. 직전 클리블랜드 대통령은 릴리우오칼라니 여왕의 친구였다. 1898년 7월 7일 미서전쟁 발발 직후 맥킨리 대통령은 하와이를 영토로 편입하는 '신대륙결의(Newlands Resolution)'에 서명하고 하와이는 미국령이 된다. 1900년 4월 30일 미 의회는 '하와이조직법(Hawaii Organic Act)'에 따라 '하와이영토(Territory of Hawaii)' 정부를 수립한다. 마지막 군주 릴리우오칼라니 여왕은 1917년 11월 11일 그녀의 거주지 워싱턴 플레이스에서 79세의 나이로 눈을 감는다. 1959년 3월 미 의회는 하와이를 미국의 주로 편입하는 '하와이 승인법(Hawaii Admissions Act)'을 통과시킨다. 그해 6월 27일 국민투표 94.3% 찬성으로 하와이는 앞서 1월에 49번째 주가 된 알래스카에 이어 미국의 50번째 주로 편입된다.

하와이 역사에는 폴리네시아 도서문화와 아시아 노동자 이민문화, 미국의 식민문화가 복합적으로 섞여 있다. '알로하' 정신이 보여주는 것처럼 문화적 다양성이 조화롭게 공존하는 곳이다. 나의 세대에게 하와이는 신혼여행지 와이키키로 알려져 있으나, 아버지 세대는 신문에서 "하와이 미국의 50번째 주가 되다."라는 뉴스 헤드라인을 접했을 것이다. 일제 식민지를 경험한 할아버지 세대 누군가는 어쩌면 하와이 사탕수수 노동이민을 권유받았을 수도 있다. 지금의 하와이, 앞으로의 하와이를 알기 위해서 그 하와이가 어디에서 어떻게 왔는지 알아야겠다.

_____ *24.6.29.*

다민족 사회의 일원이 된 그들
레인보우 스테이트 하와이

미국 다른 주들과 대별되는 하와이주만의 통계를 살펴보자. 하와이는 미국 50개 주 중에서 가장 최근인 1959년에 주가 되었다. 한마디로 가장 젊은 주이다. 유일하게 미 대륙에 속하지 않고 태평양 한가운데 섬들로 이루어진 주이다. 하와이에 사는 사람들은 미국의 다른 주들을 본토(mainland)라고 부른다. 하와이왕국 역사로 인해 그 어느 주에도 없는 이올라니 궁전을 가지고 있다. 무엇보다도 하와이는 미국의 모든 주를 통틀어 유일하게 아시아계가 다수인 주이다. 미국의 주들은 백인계 비율이 대부분 2/3 정도된다. 2023년 기준 하와이에는 아시아계 약 40%, 백인계 25%, 하와이 원주민과 태평양 도서국 약 10%, 나머지 25%는 혼혈 또는 흑인, 히스패닉 등 기타인종이다. 아시아계 60만여 명 인구 중 필리핀과 일본계가 제일 많고 다음은 중국계, 한국계 순이다. 따라서 하와이는 아시아인이 살기 가장 좋은 주로 알려져 있다. 미국의 다른 주들은 인종상 혼혈 비율이 3% 정도인데 하와이는 약 25%에 이른다. 하와이어 '하파(hapa)'는 혼혈을 의미한다. 많은 하와이인이 자신을 '하파'라고 규정한다.

레인보우 스테이트 하와이는 다양성을 상징하는 무지개처럼 진정한 다민족 다문화 사회이다. 호놀룰루 중심에 있는 차이나타운, 하와이의 아버지로 불리는 일본계 상원의원 다니엘 이노우에, 음식점 메뉴에 빠지지 않는 한국의 갈비와 밋전(Meat Jun, 고기전), 포르투갈 도넛 말라사다와 악기 우쿨렐레 등, 하와이의 삶은 모든 면에서 섞여 있고 조화롭게 공존한다. 다양성을 즐기고 존중하는 사람들이 하와이를 주거지로 선택하는 이유이다. 너무 당연하지만 다민족, 다문화 사회의 원천은 바로 이민이다. 하지만 모든 이민 사회가 조화와 공존을 만들어내지는 못한다. 대개 섬나라는 타인에 대한 배척이 월등히 심하다. 하와이는 어떤 이민의 과정을 통해 다민족 사회가 되었을까. 그리고 어떻게 서로 다른 언어와 생활습관, 삶의 방식을 가진 사람들이 모여 지금의 알로하 문화를 만들어낼 수 있었을까.

하와이의 다민족, 다문화 형성 배경에는 19세기 초 하와이에 정착한 서양 선교사들과 사업가들이 중요한 역할을 했다. 하와이왕국의 주인은 이미 수 세기 전부터 이곳에 살고 있었던 폴리네시안이었다. 쿡 선장의 빅아일랜드 방문 이후 1800년대 초부터 백인 선교사들과 사업가들이 하와이에 오기 시작했다. 선교사들은 하와이 왕족에게 기독교와 서양문화를 전파했다. 사업가들이 시작한 사탕수수 농장과 파인애플 농장은 노동집약적 산업이었다. 당시 서양 질병에 노출된 하와이 원주민 인구는 급격한 감소추세였다. 백인 농장주들은 값싼 노동력을 확보하기 위해 아시아와 다른 지역에서 노동자들을 데려온다. 중국인부터 시작하여, 포르투갈, 일본, 푸에르토리코와 오키나와, 한국 그리고 필리핀에서 많은 노동자가 하와이에 도착한다. 이들 중 중국과 일본, 필리핀계가 다수를 차지했다. 특히 일본계는 20세기 전반부 내내 하와이 전체인구의 30~40%에 달했다. 와이파우 지역에 있는 하와이 플랜테이션 빌리지에 가면, 하와이, 중국, 포르투갈, 일본, 푸에르토리코, 오키나와, 한국, 필리핀 8개 민족의 당시 이민생활을 볼 수 있다.

다음 사진은 1947년 호놀룰루에서 열린 첫 번째 알로아위크 페스티벌에서 중국과 한국, 일본 여성의 모습이다. 세 나라를 대표하는 전통의상 치파오, 한복, 기모노를 입은 여성들 뒤편 멀리 다이아몬드헤드가 보인다. 중국인 사탕수수 노동이민자들은 1850년대부터, 일본인들은 1880년대부터, 그리고 한국인들은 1903년부터 하와이에 정착해 왔다. 세 여인이 사진을 찍은 1947년에는 3개 민족이 더불어 산지도 반세기가 된 시점이었다. 그 사이에 그들의 모국에서는 숨 가쁜 역사적 사건들이 있었다. 청일전쟁

▎1947년 알로하위크 축제에서 한중일 여인들
출처: Hawaii State Archives

(1894), 일제강점기와 독립운동(1910~1945), 일본의 만주침략(1931), 중일 전쟁(1937~1945)은 그들의 삶에도 큰 영향을 미쳤을 것이다. 제국주의 일본은 결국 이들의 삶의 터전인 하와이 진주만을 공격(1941)하고 태평양 전쟁(1941~1945)을 시작한다. 아이러니하지만 일본의 진주만 공습 당시 하와이 인구의 37%에 달하는 16만 명이 일본계였다고 한다. 태평양 전쟁 기간 이곳에 살고 있었던 일본인의 삶은 힘겹고 고통스러웠을 것이다.

시기를 불문하고 사탕수수 노동자로 모국을 떠나 하와이에 도착한 한중일 이민자들은 동병상련의 입장이었을 것이다. 하지만 현지 사회에서 그들은 노동업계의 치열한 경쟁그룹이었고 무엇보다도 그들의 모국은 전쟁중이거나 지배·피지배 관계였다. 아마도 다수이면서 침략국이었던 일본계와 상대적 소수이며 피침략국이던 중국/한국계 간 대립이 더 심했을 것이다. 한편 한자 문화권과 지역문화적 특성으로 인해 한중일의 관계는 다른 지역에서 온 포르투갈, 푸에르토리코, 필리핀 그룹보다 가까웠을 것이다. 또한, 모국에 대한 기억과 언어를 유지했던 이민 1세대 1.5세대와 그들의 자녀 2/3세대가 느꼈을 타민족에 대한 감정은 같지 않았을 것이다. 농장에서 함께 자라고 같은 학교에 다니며 하와이가 고향인 이민 2/3세들에게는 민족적 이질감보다 환경적 동질감이 더 컸을 것이다.

한중일 3국의 초기정착 노동인구 대부분은 남성이었다. 본국에서 신부를 데리고 오는 사진결혼 제도가 유행했으나, 여성 인구가 절대적으로 낮았기 때문에 타민족 여성과 결혼도 불가피했을 것이다. 한인 이민 초기 중국인 이민역사는 이미 50년을 넘긴 시점이었다. 실제 이민 1세대 한인 남성들은 현지 중국계 여성들과 많이 결혼했다고 한다. 이민의 시간이 축적되면서 한국과 중국, 일본 그리고 타민족 간 혼인도 점차 자연스러워졌을 것이다. 물론 한인 1세들은 자녀들이 식민 지배국인 일본계 배우자를 선택하는 것을 완강히 반대했을 것이다. 위 사진의 여인들은 중국과 한국, 일본의 전통의상을 입고 있으나 과연 그들은 스스로 중국인, 한국인, 그리고 일본인으로 생각하고 있었을까? 어릴 적부터 하와이에서 같이 자란 그 여인들은 어머니 또는 할머니, 아니면 증조할머니의 나라를 생각하며 조금은 어색하게 전통의상을 챙겨 입었을지도 모른다. 1947년 첫 알로하위크가 열렸던 당시, 물론 아직도 민족 간 갈등과 반목, 차별은 있었겠지만 하와이는 이미 다민족, 다문화 사회였을 것이다.

유럽에서도 사탕수수 노동이민자들이 도착했다. 1878년부터 1911년 사이에 포르투갈인 약 16,000여 명이 하와이에 온 것으로 기록되어 있다. 그들은 대부분 하와이와 기후, 토양이 비슷하고 사탕수수를 주산업으로 생활했던 아조레스(Azores), 마데이라(Madeira) 제도에서 왔다. 두 곳 모두 대서양 연안에 있고 예부터 고급 와인 산지로 유명한 곳이다. 당시 중국과 일본 초기 노동자들이 남성 위주였던 것에 반해 포르투갈 이민자 대부분은 가족 단위 정착을 목적으로 하와이에 왔다. 유럽인들은 아시아 노동자들보다 더 좋은 조건에서 일할 수 있었다. 땅을 받거나 감독으로 일하기도 했고 노동계약이 종료되면 소규모 농장이나 레스토랑 같은

▌ 레오나드 베이커리
출처: adventuretourshi.com

개인사업을 시작하는 경우가 많았다. 하와이가 미국 영토기 된 이후에는 미국 시민권도 어렵지 않게 받을 수 있었다. 1910년 기준으로 하와이 인구의 약 10%가 포르투갈계 이민자였다고 한다.

　포르투갈 이민자들의 유산을 소개한다. 하나는 하와이를 방문하는 사람들이 즐겨 찾는 설탕을 입힌 포르투갈 도넛 '말라사다'이다. 호놀룰루에 있는 레오나드 베이커리에는 말라사다를 사 먹기 위해 매일 아침 수십 명이 줄을 선다. 그 가게는 1952년 포르투갈인 레오나드가 오픈했다고 한다. 내가 살았던 하와이카이 지역에도 이동식 분점이 있었고 늘 줄이 길었다. 다른 하나는 바로 하와이의 대표 악기로 알려진 '우쿨렐레(ukulele)'이다. 우쿨렐레는 기타와 비슷하지만 크기가 작고 줄이 4개이다. 19세기 말 포르투갈계 이민자들에 의해 하와이에 소개된 악기로 포르투갈 명칭은 '브라귄하(braguinha)'이다. 그리고 마지막으로 혹시 1980년대 후반 우리 세대의 심금을 울렸던 팝송 명곡 'Nothing's Gonna Change My Love for You(1987)'를 들어본 적이 있는지. 그 곡을 부른 가수 글렌 메데로이스(Glenn Medeiros)는 하와이 카우아이섬 리후에가 고향이다. 물론 그는 포르투갈계 이민자 후손이다. 글렌 메데로이스는 현재 호놀룰루에 있는 가톨릭 남학교 세인트루이스 학교의 교장 선생님이다.

■ Mr. 글렌 메데로이스와 함께(24.7.27.)

　2023년 기준 하와이 인구 중 가장 많은 민족은 약 25%를 차지하는 필리핀계라고 한다. 2010년에 이르러서 현지 일본계 인구를 추월했고 현재에도 필리피노의 하와이 이민은 계속되고 있다. 필리핀 노동자들은 1906년에 하와이에 처음 도착했다. 중국, 일본, 한국과 마찬가지로 남성 위주였고 대부분 루손섬 북부지역에서 왔다고 한다. 1907년부터 1931년까지 필리핀 노동자 약 12만 명이 하와이에 왔다고 기록되어 있다. 당시 그들은 일본에 이어 현지 사탕수수 그리고 파인애플 농장에 가장 많은 노동력을 제공했다. 이렇게 필리핀의 하와이 이민역사도 벌써 120년 가까이 되어간다.

전 필리핀 대통령(1965~1986) 페르디난도 마르코스(Ferdinand Marcos)는 1986년 필리핀 민주화운동 이후 망명하여, 1989년 사망할 때까지 부인 이멜다와 함께 하와이에 거주했다. 마키키 지역 언덕 위에 있는 큰 저택에 살았다고 한다. 현재 호놀룰루 서쪽 와이파후에 주로 거주하는 필리핀 사람들은 관광업계 포함 하와이 주요산업에 노동력을 제공한다. 또한, 가톨릭과 가족 중심주의, 축제 문화를 통해 하와이 사회 전반에 영향을 미친다. 와이파후 지역 마을의 신년 불꽃놀이는 전쟁터를 방불케 할 정도이다. 내가 근무하고 있었던 2023년 11월에는 마르코스 전 대통령의 아들 봉봉 마르코스 주니어 현 필리핀 대통령이 하와이를 방문했다. 섬나라 필리핀과 섬나라 하와이의 관계는 남다르다.

글을 맺는다. 한국과 중국, 일본이 태평양 바다 건너편에서 근대국가 형성을 위한 역사적 혈투를 벌이고 있을 때, 하와이 사탕수수 농장에서 노동자의 삶을 더불어 살았던 이민자들의 관계는 어떠했을까. 같은 동네에서 자라며 같은 학교에 다니고 결국 다민족 가족을 이룬 2세대, 3세대들에게는 어떤 갈등과 어려움이 있었을까. 다문화 가정이 겪었을 정체성의 혼란은 그들의 삶을 어떻게 변화시켰을까. 아시아계가 다수인 이곳에서 타지역 소수민족이 겪고 있는 또 다른 차별은 없을까. 이 모든 삶의 기록들이 모여 지금의 무지개와 알로하를 빚어냈을까. 내일의 모습은 어떠할까. 글을 시작할 때보다 더 많은 물음이 머릿속을 맴돈다.

_____ *24.9.16.*

▌ 마우이섬의 레인보우 유칼립스 나무(22.3.14.)

미주 한인 이민의 효시(嚆矢)
한국인과 하와이 이야기 하나

하와이에 사는 매력 중 하나는 이곳이 미주지역 한인 이민이 처음으로 시작된 곳이라는 점이다. 이는 현지 교민사회의 큰 자부심이다. 마침 2023년은 한인들이 처음 하와이에 도착한 지 120주년이 되는 해였다. 연초부터 다양한 기념행사가 열렸다. 1903년 1월 13일 새벽 갤릭호를 탄 102명의 한인이 호놀룰루항 7번 선착장에 도착하면서 미주지역 한인 이민이 시작되었다. 사실 한국에 살면서 120년 전 나의 조상들이 무엇을 하고 있었는지 깊게 생각해 본 적이 없었다. 자랄 때 인근에 경복궁과 광화문, 지금은 없어진 중앙청이 있어, 국사 시간 조선 말기와 대한제국 이야기가 더 실감 났던 기억은 있다. 하와이 생활을 마무리하기 전에 한인 이민 스토리를 정리하는 것이 나에게는 중요한 과제가 되었다. 120년 전 조선인들은 왜(why) 조상들의 땅을 떠나 태평양 한가운데 하와이까지 오게 되었을까. 그들은 이곳에서 어떻게(how) 이민자의 삶의 터전을 일구었을까. 지난 3년간 품어 오던 'why'와 'how'에 대한 마음의 숙제를 제출한다. (이 글을 쓰면서 브런치 스토리 작가 '블루버드'의 하와이 이민사 편을 많이 읽고 참고했다)

20세기 초 한인 하와이 이주의 직접적인 원인은 당시 하와이에 번창했던 사탕수수 산업 때문이다. 1800년대 중반부터 본격화된 하와이 사탕수수 산업은 하와이의 근대역사 흐름을 결정하는 중요한 변수가 된다. 당시 사탕수수 농장을 소유하고 운영했던 백인 농장주들은 섬나라 하와이의 정치,

경세, 사회 모든 분야에 영향을 미쳤다. 짧은 기간에 아시아 노동자가 대거 이민해 온 것도, 하와이가 미국영토로 편입된 것도 백인 농장주들의 역할이 컸다.

하와이 사탕수수 농업은 1835년 카우아이섬에서 처음 시작된 것으로 알려져 있다. 지금까지도 카우아이섬에는 내가 즐겨 방문했던 콜로아(Koloa) 럼주 농장이 있다. (럼주는 사탕수수로부터 설탕을 얻는 과정에서 발생하는 당밀의 부산물이다) 1900년대 초 당시 콜로아 플랜테이션에도 한인 노동자들이 많이 일했다고 한다. 19세기 설탕 산업과 국제무역이 활성화되는 그 시점에 하와이제도가 사탕수수 재배에 좋은 토양과 기후를 갖추었다는 것을 누군가 발견했을 것이다. 19세기 중반이 지나면 하와이 사탕수수 산업은 현지 빅 파이브(Alexander & Baldwin, American Factors, Castle & Cooke, C. Brewer & Co., 그리고 Theo H. Davies & Co.)를 중심으로 국제적인 설탕 산지로 발전하게 된다. 문제는 사탕수수 재배에 많은 노동력이 요구된다는 점이었다. 고된 사탕수수 노동은 인구감소 추세인 하와이 원주민들에게 인기가 없었다. 백인 농장주들은 아시아 지역의 값싼 노동력 수입에 주목하게 된다.

하와이 사탕수수 노동이민의 시작은 1852년에 처음 도착한 중국인이었다. 중국인 노동자들에 이어 1878년에는 포르투갈 노동자들이 도착한다. 1885년부터는 일본인 노동이민이 본격적으로 시작된다. 1900년대 초에는 이미 일본인이 전체 사탕수수 노동자의 2/3를 차지하게 된다. 1903년 현지 중국인 노동자 수는 약 3만 명, 일본인 노동자 수는 약 8만 명이었다고 한다. 당시 사탕수수 노동력을 독점하기 시작한 일본인 사회의 임금인상과 노동권 개선에 대한 요구사항이 많아지면서, 백인 농장주들은 일본인을 대체할 노동력을 찾게 된다. 1900년 푸에르토리코에서, 1903년에는 한국에서, 1906년에는 필리핀에서 새로운 노동이민자 그룹이 하와이에 도착한다. 이렇게 한국을 포함한 다양한 아시아인들이 19세기 중반부터 20세기 초까지 하와이에 정착하게 된다.

조선 말과 대한제국 초기 한반도는 그야말로 격변기였다. 1866년 제너

럴셔먼호 사건, 1871년 신미양요, 1876년 강화도조약, 1882년 조미수호통
상조약 체결, 1884년 갑신정변, 1894년 갑오개혁과 동학농민운동 그리고
청일전쟁, 숨 가쁘고 혼란스러운 시기였다. 이병헌, 김태리 주연의 인기 드
라마 '미스터 선샤인'의 시대 배경이다. 주변 강대국 일본과 청나라, 러시
아의 야욕에 둘러싸인 조선이 의지할 수 있는 유일한 대안은 미국이었다.
이때 '하와이 사탕수수 농장주협회'는 고종의 신임을 받던 미국공사 앨런
(Horace Allen), 그리고 동서개발회사와 데쓸러 은행을 설립한 사업가 데쓸
러(David Deshler)의 도움으로 대한제국에 사탕수수 이민을 소개한다.

1902년 11월 고종의
하와이 이민 허락 칙령이
떨어졌다. 앨런 공사의 지
인이었던 인천 내리교회
존스(George H. Jones) 목
사의 설득으로 내리교회
신도들 50여 명과 전국에
서 모집된 희망자 총 121
명(54가구)이 뽑혔다. 그
들은 1902년 12월 22일 인

▌영국 상선 RMS 갤릭호
출처: 위키피디아

천 제물포에서 일본 나가사키로 향하는 '겐카이마루(현해환, 玄海丸)'에 승
선한다. 나가사키에서 신체검사에 탈락한 19명을 제외하고 하와이 향 '갤릭
호(RMS Gaelic)'를 탄 102명이 1903년 1월 13일 새벽 호놀룰루항에 도착한
다. 그중 16명은 질병 등으로 인해 입국이 거부되고, 결국 86명이 호놀룰루
에 상륙한다. 갤릭호에서 상륙한 첫 한인 이민자는 남자 48명, 여자 16명,
어린이 22명이었다. 그들은 모두 와이알루아 지역 사탕수수 농장 모쿨레이
아(Mokuleia) 캠프로 이동한다. 역사에 기록된 공식적인 미주지역 한인 이
민의 시작이다. 1903년 이전에는 중국 여권을 지닌 한인 인삼 상인 16명이
하와이에 거주했다는 기록이 있다. 참고로 '애니깽'으로 알려진 멕시코 유
카탄반도 용설난 농장 노동이민은 1905년에 시작되었다.

1903년에서 1905년까지 2년 동안 한인 사탕수수 노동자 7,400여 명이 하와이에 도착한다. 미스터 선샤인의 주인공 '유진 초이'의 실존 인물 황기환 지사도 19살이던 1904년 갤릭호를 타고 하와이에 온 사탕수수 노동자였다. 그는 1918년 미군에 자원입대하여 1차 세계대전에 참가한다. 동서개발회사 모집 안내문에는 하와이의 온화한 기후와 풍족한 일자리, 무상교육, 무료숙소, 월 15달러 임금이 홍보되어 있었다. 당시 이민선을 탄 한인들은 인천, 부산, 진남포 등 대부분 항구도시 주변 거주자였고 부두노동자, 하급 관리, 군인, 경찰, 학생, 광부 등 다양한 직종을 가지고 있었다. 이는 대부분 동일지역 농부 출신이었던 중국과 일본계 이민자와 크게 다른 점이다. 한인 이민자들은 가뭄과 정부의 착취, 일본의 제국주의 지배에서 벗어나 새로운 기회를 얻기 위해 조국을 등졌다. 대부분은 단기간 일하고 돈을 벌어 고국으로 돌아가는 것이 목적이었다.

초기 한인 이민자의 현지 정착 과정은 어떠했을까. 필자는 그들에게 가장 큰 영향을 미친 것은 사진결혼 제도라고 생각한다. 초기 한인 이민 사회 남녀 비율은 10대 1 정도였다. 본국에 쉽게 갈 수 없었던 현지 한인 남성들은 사진 교환으로 혼인을 약속한 '사진신부(picture bride)'를 한국에서 데려왔다. 앞서 왔던 중국과 일본계 남성들도 마찬가지였을 것이다. 1910년부터 1924년까지 한인 사진신부 700여 명이 일본 여권을 받고 하와이에 온 것으로 기록되어 있다. 독립운동가 손양원 목사의 누나 손봉련도 1914년 하와이에 도착한 사진신부였다. 그녀는 김수천과 결혼해 4명의 자녀를 두었다. 사진신부들은 가난과 억압, 남녀차별 사회에서 벗어나 부와 자유와 기회를 얻기 위해 조국을 떠났다. 신식여성들이었고 애국심이 강한 진취적인 여성들이었다. 특히 경상도 지역에서 많이 왔다고 한다.

사진신부들은 10대 후반에서 20대 중반이었다. 하지만 그들이 만나게 될 하와이 신랑들의 나이는 대부분 30대에서 40대였다. 한국에서 받아본 젊은 사진과는 달리 현지 신랑들은 대개 고된 사탕수수 노동에 지친 중늙은이였다고 한다. 사진결혼이 이혼으로 끝나는 일도 있었고 일부 여성들은 재혼하기도 했다. 출산하다가 사망한 산모들도 꽤 있었다고 한다. 그러

나 사진신부 여성들의 하와이 적응은 나이든 남편 세대보다 빨랐다. 그들
은 영어도 빨리 배우고 미국의 남녀평등과 개인주의 개념에도 쉽게 익숙해
졌다. 한인 여성들은 사탕수수 농장을 떠나 도시지역으로 이주를 원했다.
또한, 초기에 도착한 남편들보다 고국에서 일본의 만행을 더 경험했기 때
문에 독립과 애국 운동에도 열심이었다. 한인 여성들은 1913년 '대한부인
회'를 조직하고 독립운동 지원과 기독교 전도에 힘썼다. 1919년에는 '대한
부인구제회', 1928년에는 부산 출신 위주 '영남부인회'가 만들어져 독립운
동 모금 활동을 지원했다. 사진신부들은 특히 자녀 교육을 중시했다. 한국
계 최초로 시장이 된 하와이카운티 시장 해리 김(Harry Kim)의 어머니도,
한국계 최초로 하와이주 대법원장이 된 문대양(Ronald Moon)의 할머니도

사진신부였다. 동화작가로 알려
진 이금이 작가는 『알로하, 나의
엄마들』(창비, 2021)이라는 소설
에서 하와이 사진신부 이야기를
다룬다. 작가는 위 사진을 보고
사진신부에 대해 처음 알게 되
었다고 한다. 주인공 버들, 홍주,
송화는 김해 어진말이라는 곳에
살다가 1917년 하와이행 배를
함께 탄 열여덟 살 사진신부들
이다. 소설 속 그들은 일본 고베
에서 신체검사에 통과하고 하와
이로 떠나는 배를 타기 전에 기

▮ 하와이 출발 전 사진신부 기념촬영(1900년대 초)
　출처: 하와이주립대 한국학센터

념사진을 찍는다. 사진관에서 그녀들은 각각 부채, 꽃다발, 양산을 골라들
고 사진을 찍는다.

한인 이민 생활을 지배했던 또 다른 요소는 기독교였다. 일부는 배를 타
고 오면서 또는 하와이에 도착하자마자 기독교인이 되었다. 한인 이민자들
은 감리교의 영향을 많이 받았다. 현재 키아모쿠 지역에 있는 '그리스도연

합감리교회'는 1903년에 세워진 우리 민족 최초의 해외 한인교회로 알려져 있다. 피어슨(George Pearson), 와드맨(John W. Wadman) 감리사는 현지에서 한인 감리교 조직을 만들고 한인 목사들을 양성했다. 펀치볼 스트리트 인근 '코리안 컴파운드'에 한인 기숙학교와 한인교회를 세웠다. 성누가 성공회교회(1905)와 와히아와 한인감리교회(1907, 현 올리브연합감리교회)도 당시 세워진 한인교회이다. 1913년부터 하와이에

그리스도연합감리교회(23.4.27.)

거주한 이승만은 1918년 무교파 민족주의 '한인기독교회'를 세웠다. 당시 기독교도 한인들은 타민족 이민자들보다 빠르게 미국문화에 적응해 나갔다. 그들은 기독교의 남녀평등 개념 수용과 영어교육에도 열심이었다.

한인 이민 50주년이 된 1953년, 첫 이민선 갤릭호에서 상륙했던 한인 86명 중에 생존해 있었던 사람은 9명이었다고 한다. 그 사이 조국은 광복과 정부수립, 그리고 동족상잔의 고통스러운 근대국가 만들기 과정을 겪고 있었다. 1952년 아시아계의 미국 국적 취득을 승인하는 이민법 개정으로 하와이 한인 1세와 1.5세 약 1천여 명이 드디어 미국 시민권을 받게 되었다. 사진신부들은 모두 할머니가 되었다. 한인 인구 다수는 현지 출생 2세부터 한국말을 거의 모르는 3세대들로 구성되어 있었다. 농장에서 일하는 한인들은 거의 없었고 대부분은 호놀룰루시 릴리하 지역과 팔라마 지역에 커뮤니티를 형성하고 있었다. 이미 한인사회의 경제력과 교육 수준은 다른 아시아 이민자들보다 높았다고 한다.

1950년부터는 '전쟁신부'로 알려진 주한미군과 혼인한 한인 여성들이 하와이로 이주해 온다. 한국에 근무한 미군 중에는 특히 하와이 출신들이 많았다. 1959년 하와이는 미국의 50번째 주가 되었고 상업용 제트 항공기

시대가 본격적으로 시작되었다. 그동안 하와이 경제를 이끌던 사탕수수와 파인애플 산업은 관광과 호텔 산업으로 전환된다. 1965년과 1968년, 아시아인에 대한 미국의 이민법 개정으로 한인들의 두 번째 이민 물결이 본격화되기 시작한다. 내가 지난 3년간 하와이에 살면서 만났던 한인사회 어르신 대부분은 1970년대 이후 하와이에 정착한 분들이었다. 2001년 마지막 생존 사진신부 유분조 할머니가 101살의 나이로 세상을 떠난다. 그녀는 1900년 경남 밀양 출생으로 19살에 하와이에 도착했고 23살 연상 남편(유도봉)과 결혼했다.

하와이 한인 이민사 기록을 정리하며 이런 생각을 해 본다. 1902년 12월 인천 제물포항을 출항해서 나가사키로 떠난 121명 중 입국이 거부된 19명과 갤릭호를 탄 102명 중 호놀룰루항에 도착했으나 상륙하지 못했던 16명의 이후 삶은 어떠했을까. 또다시 하와이 이민선을 탔을까 아니면 고향으로 돌아가 일제강점기 조선의 삶을 살아냈을까. 그들의 후손들은 어디서 무엇을 하고 있을까. 기록에 남지 않은 수많은 개인의 역사이다. 1903년 태평양을 횡단했던 첫 이민자들의 항해는 120년이 지나 무지개 나라 하와이의 아름다운 유산이 되었다. 짧은 3년 동안 하와이를 경험한 나의 삶에도 큰 영향을 미쳤다. 미루었던 숙제를 시작했다는 홀가분함으로 첫 번째 이야기를 마친다. 다음은 일제강점기 해외 독립운동의 산실이 된 하와이에 대한 글이다.

_____ *24.8.28.*

이승만과 해외 독립운동의 산실(産室)
한국인과 하와이 이야기 둘

산실은 '낳을 산(産)'과 '집 실(室)'로 이루어진 단어로 아이를 낳는 방을 의미한다. 따라서 '어떤 일을 꾸미거나 이루어내는 곳 또는 그런 바탕'의 의미로 사용된다. 영어로는 'birthplace'라고 하겠다. 부끄럽지만 하와이에 오기 전에는 왜 이곳을 우리나라 해외 독립운동의 '산실'이라고 하는지 몰랐다. 이승만 대통령이 하와이에 연고가 있었다는 정도만 알고 있었던 것 같다. 하와이 한인이민연구소장 이덕희 선생님의 '하와이 독립운동 사적지 탐방'에 참여하고, 『이승만의 하와이 30년』(이덕희 저, 북앤피플, 2015)을 읽으며, 내가 사는 곳 하와이를 독립운동사의 관점으로 바라보게 되었다.

짧은 3년을 스쳐 지나가는 나에게도 이런 하와이에 산다는 점이 자랑스러운데, 이곳에 뿌리를 내리고 사는 교포들의 자부심은 얼마나 클까. 알고 보니 보인다고 매일의 출퇴근길과 총영사관 인근을 포함한 오아후섬 곳곳이 독립사적지였다. 무관부에서 10분도 안 되는 거리에 한인 이민 1세대와 독립지사들이 묻혀 있는 오아후 묘지공원과 광화문 문루 한인기독교회가 있고, 옛 동지회관 건물과 한인기독학원 터도 있다. 그곳에는 120년 전 하와이 이민 1세대와 그 자녀들이 일제에 강제로 뺏긴 조국의 독립을 위해 애쓴 흔적들이 남겨져 있다.

하와이 독립운동의 중심에는 이승만이 있었다. 이승만은 1913년부터 1939년까지 26년 동안 대부분 하와이에 거주하면서 우리나라의 해외 독립운동을 이끌었다. 1945년 광복 후 대한민국 정부수립과 국정 운영에는 그의 하와이 경험이 영향을 미쳤다. 그리고 1960년 4·19 혁명 이후 다시 돌아와 1965년 서거 하기 전까지 부인 프란체스카 여사와 하와이에 거주했다. 90세 삶의 거의 1/3을 하와이에서 보낸 것이다.

이승만은 고종 12년인 1875년 황해도 평산의 몰락한 왕손 집안에서 출생했다. 세종대왕의 형 양녕대군 16대손으로 조선왕실의 종친이다. 1885년에 미국 선교사들이 설립한 배재학당에 입학하고 청년단체 협성회에 참여했다. 「협성회회보」와 「매일신문」, 「제국신문」의 주필과 논설위원이었고 서재필의 독립협회 활동에도 열심이었다. 1899년 박영효(朴泳孝)와 관련된 고종 폐위 음모사건에 연루되어, 1904년까지 5년 7개월간 한성감옥에 투옥되었다. 감옥생활을 통해 독서와 집필활동에 집중할 수 있었고 또한 기독교도가 되었다. 1904년 감옥에서 『독립정신』(1910년 LA에서 출판)을 저술했다.

29살이 되던 1904년부터 1910년까지 미국에 유학하여 조지워싱턴대학사, 하버드대 석사, 프린스턴대학에서 국제정치학 박사를 취득했다. 그의 박사학위 논문은 「미국 영향하의 중립론(Neutrality as influenced by the United States)」이다. 당시 프린스턴대학 총장은 후에 민족자결주의로 유명해진 미국의 28대 대통령(1913~1921) 우드로 윌슨이었다. 유학 기간 이승만은 시어도어 루즈벨트 대통령을 포함한 미국 주요 인사들을 만나 한국의 독립을 청원했다. 그는 박사학위를 받고 1910년 귀국하여 선교 활동에 매진하다가 일제의 압박이 심해지자 다시 미국으로 떠난다.

1913년 이승만은 하와이 국민회의 초청으로 호놀룰루에 도착한다. 한성감옥 동지인 박용만은 1912년부터 하와이에 와 있었다. 박용만은 안창호, 이승만과 함께 당시 3대 독립운동 지도자였다. 하와이에는 6천여 명의 한인이 살고 있었다. 미주지역 전체 한인 동포가 9천여 명이던 시절이다. 하와이는 일제강점기 미주 전체를 대표하는 동포사회였다. 하와이에 도착한 독립운동지도자 이승만은 세 가지 사업에 집중한다. 바로 언론과 교육, 선교사업이었다.

이승만이 가장 관심을 많이 가졌던 분야는 언론이었다. 배제학당 시절부터 그는 「협성회회보」와 「매일신문」에 글을 썼다. 한성감옥에서는 「독립정신」을 집필했다. 그 당시 하와이에서는 현지 한인 소식 공유와 조국 독립을 목적으로 해외 최초의 한인신문 「신조신문」(1903)에 이어, 「포와한인교보」(1905)와 「국민보」(1907) 같은 한인신문들이 발행되고 있었다. '포와(布哇)'는 중국과 일본에서 사용되던 하와이의 한문 표기였다. 이민 초기 한인들은 하와이를 포와라고 불렀다. 이승만은 1913년 「태평양잡지(The Korean Pacific Magazine)」를 창간한다. 그는 「태평양잡지」를 통해 하와이 한인사회를 계몽시키길 원했다. 독립을 위해 한인들이 국제정세에 더 관심을 가져야 한다고 생각했던 것 같다. 국제정치학자 이승만은 우리나라가 외교를 통해서 독립을 얻을 수 있다고 믿었다.

「태평양잡지」에는 동북아정세에 대한 이승만의 시각을 담은 글들이 여러 편 실려있다. 당시 「태평양잡지」는 700부가 발행되었다. 그중 450부는 하와이 동포사회, 130부는 미주 본토, 30부는 쿠바와 멕시코, 50부는 중국의 상해, 남경, 북경, 만주, 그리고 30부는 영국과 독일에 보내졌다. 말 그대로 국제잡지였다. 1924년 「태평양잡지」는 '대한인동지회' 정식 기관지로 채택되었다. 1930년에는 「태평양주보」로 이름이 바뀌었고 1942년부터 1944년까지는 「국민보-태평양주보」로 발간되기도 했다. 해방 후까지 하와이뿐만 아니라 한국과 미주대륙, 유럽, 동남아에 거주하는 한인들이 정기적으로 구독했다고 한다. 1970년 폐간되었다.

다음은 교육사업이다. 하와이에 세워진 최초의 한인학교는 1906년 한인감리교회 부지 내 설립된 '한인기숙학교'였다. 교회와 학교가 같이 있어 '코리안 컴파운드'로 불렸다고 한다. 1913년 와드맨 감리사는 이승만을 한인기숙학교 2대 교장으로 임명하였다. 이승만은 학교 이름을 '한인중앙학교'로 바꾸고 여학생 5명을 입교시켜 남녀 공학제를 도입하였다. 남녀공학은 당시 미국에서도 수용하기 힘든 혁신적인 제도였다. 1915년 한인중앙학교 교장직을 사임한 이승만은 '한인여학원'을 설립하고 교장이 된다. 이후 1918년에 한인여학원을 남녀공학으로 재조직한 '한인기독학원(Korean

Christian Institute)'을 개교한다.

　미국 유수의 명문대학에서 공부하고 박사학위가 있는 이승만은 현지 사회에서도 명망 높은 교육자였다. 이승만의 학교설립은 기독교 신앙과 민족주의에 입각한 교육사업이었다. 이승만의 학교를 졸업한 한인 노동자 자녀들은 이후 독립운동과 현지 한인사회 발전에 중요한 역할을 한다. 한인기독학원은 1947년 폐교된다. 하지만 학교 부지 매각비는 이승만 대통령이 1954년에 세운 인하공과대학 설립에 보태졌다. '인하'는 '인천'과 '하와이'의 역사적 관계를 담고 있다. 호놀룰루시에는 한인 이민 110주년을 기념해 이름 붙인 '인하공원'이 있다. 과거 한인기독학원 부지에 설립된 칼리히 초등학교 주소는 'Kula Kolea drive 2471'이다. 여기서 'Kula'는 하와이어로 학교, 'Kolea'는 코리아(Korea)를 의미한다. 도로명이 '한국학교 길'이다.

　선교사업도 중요한 분야였다. 1913년 이승만이 도착했을 때 하와이에는 1903년 세워진 제일한인감리교회(현 그리스도연합감리교회)를 포함한 다수의 한인 감리교회가 있었다. 프린스턴대학에서 신학을 공부한 이승만은 여러 교회에서 한인 사역자로 섬기고 주일설교도 했다. 1917년 호놀룰루 한인 YMCA 누우아누 지부 창설에도 초대 이사로 참여했다. 총영사관 인근에 있는 누우아누 YMCA 건물에 가면 1917년에 찍은 이승만을 포함한 5명의 창립 이사 사진이 걸려 있다고 한다. 나는 직접 보지는 못했다.

　이승만은 1918년 감리교단에서 나와 우리 민족 최초의 독립교회인 '한인기독교회(Korean Christian Church)'를 개척한다. 그가 세운 한인기독교회는 무교파 교회였고 평신도 위주의 민주주의적 원칙을 따르는 제도를 택했다. 이승만의 한인기독교회 설립으로 당시 하와이 한인 감리교인 수가 많이 줄어들었다고 한다. 지금 릴리하 스트

▌ 광화문 문루의 한인기독교회(22.10.7.)

한인기독교회 이승만 동상(22.10.7.)

리트에 있는 한인기독교회는 1913년 첫 이민선을 타고 하와이에 도착하고 한인기독학원을 졸업한 김찬제에 의해 1938년에 광화문 문루 모양으로 건축되었다. 이후 2006년 현재 모습으로 재건축되었다. 하와이에서 유일하게 이승만 박사의 동상이 서 있는 곳이다.

언론과 교육, 선교사업을 통해 이승만은 하와이 한인사회가 우리나라 독립운동의 중요한 역할을 담당하길 원했다. 당시 미주지역 한인 독립운동을 주도하고 있던 단체는 '국민회'였다. 1909년 재미 한인단체 통합운동의 결과로 하와이의 '한인합성협회(韓人合成協會, 1907)'와 샌프란시스코의 '대한인공립협회(大韓人共立協會, 1905)'가 통합되어 '국민회(國民會)'가 조직된다. 1910년에는 '대한인국민회'로 출범한다. 당시 해외 독립운동을 주도했던 두 지역은 하와이와 샌프란시스코였다. 샌프란시스코 한인들은 대부분 하와이를 거쳐 이주했기 때문에 두 지역의 한인들은 가깝게 교류했을 것이다. 대한인국민회는 해외 한인을 총망라하면서 미주지역에 '샌프란시스코 북미지방총회'와 '하와이지방총회'를 두었다. 안창호와 박용만은 국민회를 중심으로 활동하였다. 박용만은 1914년 하와이에 '대조선국민군단'과 '대조선국민군단사관학교'를 창설하고 항일무장투쟁을 주도하였다. 이승만의 외교 노선과는 달리 박용만은 군대양성 등 무력으로 일본 제국주의에 대항했다.

1919년 3·1 운동 후 상해와 블라디보스톡, 한성(서울) 등에서 대한민국 임시정부가 수립된다. 이승만은 상해 임시정부 국무총리와 한성 임시정부 집정관 총재로 추대 임명된다. 이후 세 기관의 통합 임시정부 대통령으로 선출된다. 모국의 3·1 운동 소식을 들은 하와이 한인들은 사우스 베레타

니아 스트리트에 있는 자유극장에 모였다. 1천여 명이 모이는 대규모 집회였다고 한다. 1921년 상해에서 호놀룰루로 돌아온 이승만은 '대한인동지회(大韓人同志會)'를 조직한다. 이처럼 하와이는 해외 독립운동의 핵심거점이었고 주요 독립자금원이었다. 1924년에는 안창호가, 1925년에는 서재필이 하와이를 다녀갔다.

'동지회'는 종신 총재인 이승만을 지원하는 정치단체인 동시에 회원들의 경제 능력을 보장하기 위한 자치단체였다. 1925년 동지회는 '동지식산회사'를 설립하고 빅아일랜드 힐로 지역 임야 960에이커를 구입, 한인 경제공동체 '동지촌'을 건설한다. 동지촌에서는 목재사업과 더불어 숯가마를 만들어 숯을 생산했으나, 자본 부족과 운영 미숙으로 1931년 파산한다. 필자는 2023년 가을 이덕희 소장님과 KBFD 이정태 PD와 함께 힐로 동지촌 숯가마터를 방문한 적이 있다. 백여 년 전 힘들게 숯을 구워내며 경제자립을 꿈꾸었던 이승만과 동지촌 한인들의 설렘과 기대, 그리고 좌절과 절망을 느낄수 있었다. 1941년 동지회와 국민회는 호놀룰루에서 '해외한족대회(海外韓族大會)'를 주관하며 '재미한족연합위원회'를 결성한다. 이를 통해 '주미외교위원부'를 신설하고 이승만을 임시정부의 외교대표로 공식화할 수 있었

다. 이처럼 일제강점기 하와이 동지회는 국민회와 함께 미주 한인사회를 대표하는 독립운동 단체로 활동했다. 해방 후 1949년 주호놀룰루총영사관이 세워질 때 총영사관 건물 구매에도 기여했다. 출퇴근길에 자주 지났던 노스킹 스트리트에는 1949년에 지어진 동지회관 건물이 아직도 남아 있다.

2023년 그리스도연합감리교회에서 제작한 『알로하 하와이 120년을 걷다』 책자에 초기 한인들의 하와이 이민과 현지 독립운동 사적지가 잘 소개되어

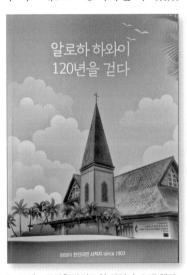

▮ 그리스도연합감리교회 이민사 소개 책자

있다. 역사기록 사진을 포함하여 위에서 언급된 장수들에 대한 자세한 설명이 나와 있다. 2025년은 우리나라가 일제로부터 독립한 지 80년이 되는 해이다. 내가 살았던 하와이가 해외 독립운동의 산실이었다는 점이 또다시 자랑스럽다. 하와이를 단지 관광지로만 아는 사람들을 만나게 되면 붙들고 한참 이야기해 주고 싶다. 하와이 생활을 마무리한 지금은 한 곳 한 곳을 꼼꼼하게 방문하고 그곳과 나만의 추억을 만들어내지 못한 점이 아쉽기만 하다. 글을 쓰면서 하와이에 돌아가면 다시 가볼 곳들이 생겼다. 이 글을 읽고 혹시라도 그곳들을 찾게 되는 분들이 생긴다면 더욱 반가울 일이다.

_____ *24.9.8.*

그들만의 특별한 관계와 역사
일본인과 하와이 이야기

2024년 기준 하와이 인구의 약 17만 명(12%)은 일본계라고 한다. 혼혈인 일본계까지 합하면 약 32만 명(22%) 정도 된다고 한다. 하와이 전체인구는 144만 명이다. 1920년대 일본계가 가장 많을 때는 하와이 인구의 43%에 달했다고 한다. 일본계는 하와이 아시아 인구 1위를 줄곧 유지하다가 2010년 필리핀에 추월당했다. 인구수를 차치하더라도 하와이의 정치, 경제, 문화, 교육 모든 분야에서 일본계의 영향력은 막강하다. 주지사를 포함 연방 상하원의원과 주 상하원의원, 대형호텔과 레스토랑 주인, 은행장, 대학교수와 학교 선생님 등 일본계 비율이 절대적으로 높다. 미군과 그 가족들이 묻히는 펀치볼 국립기념묘지에 가면 묘비석 중에서 많은 비석이 일본 성씨이다. 내가 하와이에서 만난 한국전참전용사의 반 이상은 일본계 할아버지들이었다. 일본인들에게 하와이는 어떤 곳인가. 일본과 하와이는 어떤 관계를 맺어 왔는가.

일본인 사탕수수 노동이민은 1885년에 본격적으로 시작된 것으로 알려져 있다. 1852년 시작된 중국인들보다 30년이 늦다. 1882년 미국의 중국인 배척법 시행으로 일본인의 하와이 노동이민이 촉진되었다. 공식 기록에 명시된 일본인의 첫 오아후섬 방문은 1806년이다. 그들은 서태평양을 표류하다 구조된 일본인 선원들이었다. 1868년 메이지유신의 해, 153명의 일본 노동자들이 요코하마를 출항하여 호놀룰루에 도착한다. 그들은 '원년자(元

午膳, 간넨모노)'로 불린다. 2018년에는 간넨모노 호놀룰루 도착 150주년을 기념하는 행사가 크게 열렸다. 일본인 원년자 중에는 1886년 하와이왕국 첫 번째 일본 총영사가 된 타로 안도(Taro Ando)도 있었다.

1869년부터 1885년까지 일본국은 일본 노동자의 하와이 이주를 금지한다. 1881년 하와이 칼라카우아왕이 세계일주 기간에 처음으로 일본을 방문한다. 칼라카우아왕은 조카 카이울라니 공주와 사다노미야 요리히토 왕자의 혼인을 주선했으나, 메이지 천황의 거절로 성사되지 않는다. 하지만 칼라카우아왕의 일본 방문을 계기로 일본국의 하와이 이민 금지정책이 폐지된다. 1885년부터 일본인들의 하와이 노동이민이 시작된다. 당시 기근을 겪고 있던 남방지역 히로시마, 야마구치, 구마모토 출신 농부들이 대부분이었다. 1885년부터 1894년까지 10년 동안 약 3만 명의 일본인들이 하와이에 도착한다.

노동자 이민뿐만 아니라 하와이왕국과 일본국의 관계도 특별했다. 하와이왕국은 1887년 백인 농장주들이 주도한 총검헌법의 통과로 군주의 권한이 축소된다. 급기야 1893년에는 미국 정부의 후원을 받은 현지 백인 엘리트들에 의해 릴리오우칼라니여왕이 폐위되고 하와이공화국이 세워진다. 일본은 1893년 하와이왕정 지원을 위해 해군함정을 하와이로 파견하는 포함외교를 실시한다. 도고 헤이하치로(東鄕平八郎) 대령이 지휘하는 순양함 나니와함과 실습함 콩고함이 하와이에 도착한다. (도고 헤이하치로 제독은 1905년 러일전쟁 시 쓰시마 해전을 승리로 이끈 일본 연합함대 총사령관이다) 도고 대령은 과거 칼라카우아왕의 손님이었다. 하와이에 도착한 도고 대령은 샌포드 돌의 하와이 임시정부를 인정하지 않는다. 이는 하와이 백인지도자들의 일본에 대한 반감이 커지는 계기가 된다. 이 사건은 후에 미국이 하와이를 영토로 편입(1898)하고 진주만에 해군기지 건설(1908)을 서두르게 된 것에도 영향을 주었다.

1900년에는 오키나와인 하와이 이민이 시작된다. 1920년까지 약 2만여 명의 오키나와인이 하와이에 도착한다. 이들은 일본본토 이민자와는 다른 커뮤니티를 형성한다. 1902년 기준 하와이 사탕수수 노동자의 약 70%가 일본 노동자였다. 일본 노동자 이민이 계속되고 일본인 사회의 영향력이 커지면서 하와이에서 일본인 배척 운동이 벌어진다. 1903년 시작된 한국과 1906년 시작된 필리핀 이민도 조직적인 일본 노동자 세력을 견제하기 위한 농장주들의 대안이었다. 1924년부터 미국은 '아시아배척법'을 제정해 아시아인의 하와이 이주를 제한한다. 하지만 이미 하와이 인구의 40%가 일본계였다. 1931년 일본이 만주를 침략하고 1937년 중일전쟁이 일어나자, 미국의 일본에 대한 인식은 급속도로 나빠지기 시작한다.

1941년 12월 7일 아침 일본 항모에서 출격한 폭격기들이 진주만을 기습 공습한다. 이로 인해 미군과 민간인 2,400여 명이 사망한다. 2차 세계대전 태평양 전쟁의 시작이었다. 당시 하와이에는 일본계 16만 명이 살고 있었다. 하루아침에 일본계는 '적대국 국민(enemy alien)'으로 분류된다. 그들 중 12만 명은 하와이에서 태어나 미국 국적을 가진 2세와 3세들이었다. 계엄령이 내려지고 통행금지와 물품배급 등 군의 통제가 시작되었다. 계엄령은 1944년 말까지 계속된다. 1941년부터 1945년까지 약 2,000여 명의 일본계 하와이인들이 강제수용소 생활을 경험한다. 그들 중 400여 명은 본토 수용소로 보내졌다. 당시 서부 연안 지역에서는 약 12만 명의 일본계 미국인들이 본토 전역에 있는 수용소로 강제이주 되었다.

루즈벨트 대통령과 스팀슨 전쟁성 장관은 하와이 거주 일본계 모두를 본토의 강제수용소로 보낼 계획이었다. 그러나 하와이 계엄사령관 에몬스(Delos Emmons) 장군이 반대했다. 그는 하와이는 계엄령 아래 잘 통제되고 있고 현지 일본계 대부분이 미국인의 정체성을 가지고 있다고 주장했다. 물론 하와이섬에서 본토로 16만 명을 강제이주시키기도 쉽지 않았다. 무엇보다도 인구의 37%가 떠나면 하와이주 전시경제 운영이 불가하다는 점을 고려했을 것이다. 진주만의 해군력을 중심으로 하와이가 태평양 전쟁을 수행하기 위해서는 일본계 인구가 꼭 필요한 상황이었다.

일본계도 하와이 계엄사령부에 적극적으로 부응하였다. 그들은 미국 국적으로 국가에 대한 애국심과 충성심을 보여줄 필요가 있었다. 일본인들은 공개석상에서 일본어를 쓰지 않고 영어만 사용하는 캠페인을 벌였다. 상인들은 가게에서 일본어 간판을 없앴다. 일본 커뮤니티는 그들의 전통 명절과 축제를 중지했다. 하와이대학에 다니던 일본계 2세(Nissei)들은 하와이 영토군으로 지원하고 오아후섬 스코필드 배럭스의 육군부대 건설 노동에 자원한다. 이들은 후에 일본계 미군부대인 100보병대대와 442연대전투팀의 일원이 된다.

1943년 루즈벨트 대통령은 일본계 미국인의 미군 입대를 승인한다. 당시 하와이 출신 일본계 2세 위주로 구성된 100대대/442연대는 본토에서 훈련을 받고 유럽 전구에 투입된다. 100대대/442연대는 참전한 중요한 전투마다 혁혁한 공을 세우고 미국 전쟁역사상 가장 많은 훈장을 받은 부대가 된다. 전투에서 부상을 당한 군인에게 주는 훈장인 '퍼플하트'를 받은 부대원이 너무 많아 별명이 '퍼플하트 대대'였다. 아름다운 영웅으로 알려진 한국계 미국인 김영옥 대령도 100대대 출신이다. 부대 모토는 "진주만을 기억하라(Remember the Pearl Harbor)" 그리고 "전력을 다해 싸운다(Go for Broke)"였다. 부모의 나라(일본)가 자신이 태어나고 자란 곳(하와이)을 공격하고 자신의 나라(미국)로부터 적대 국민 취급을 받아야 했던 그들은 어떤 마음가짐으로 유럽의 전투에 임했던 것일까.

비행기를 타고 오아후섬에 도착하면 제일 먼저 접하는 이름이 '다니엘 K. 이노우에(Daniel K. Inouye)'이다. 피하기 쉽지 않다. 바로 호놀룰루 공항 이름이기 때문이다. 이노우에는 한국 사람 입에 잘 붙거나 금방 외워지는 이름은 아니다. 하지만 이곳 하와이에 살다 보면 금방 익숙해진다. 수시로 접하기 때문이다. 다니엘 K. 이노우에(1924~2012)는 하와이에서 태어난 일본계 2세이다. 부친 쪽으로 2세이고 모친 쪽으로는 3세다. 1963년부터 2012년까지 50년 동안 하와이주 연방 상원의원을 역임했다. 그는 2차 세계대전 참전용사다. 100대대/442연대 소속으로 참전했고 전투 중 오른팔을 잃었다. 그는 펀치볼 국립묘지에 묻혀 있는 30여 명의 명예훈장 수훈자 중 한 명이다.

다니엘 이노우에는 하와이를 대표하는 일본계 미국인이다. 그는 하와이가 주로 승격된 1959년 첫 연방 하원의원이 되었고 이후 1962년 하와이주 연방 상원의원에 당선되었다. 미국 역사상 연방 하원의원과 상원의원이 된 첫 일본계였다. 60여 년 동안 그는 일본계를 대표하는 거물 정치인이었다. 그는 선거에서 단 한 번도 져 본 적이 없다고 한다. 2010년부터는 부통령과 하원의장 다음 대통령 승계권력 3위인 상원임시의장(president pro tempore)을 맡았다. 미국 역사상 순수 아시아계로는 가장 높은 직위에 오른 정치인이다. 진주만을 모항으로 하는 미 해군 알레이

▌ 다니엘 이노우에 상원의원(2009)
출처: 미 상원 홈페이지

버크급 이지스구축함 DDG-118은 그의 이름을 따 '다니엘 이노우에함(USS Daniel Inouye)'이다. 히컴기지 내 미 국방유해 발굴감식단(DPAA) 건물도, 와이키키에 있는 미 국방부 산하 아태안보연구소(APCSS)도 그의 이름을 쓴다. 미 육군 25사단이 주둔하는 스코필드 배럭스 인근 와히아와 마을에는 다니엘 K. 이노우에 초등학교가 있다.

이처럼 일본인과 하와이의 관계는 특별하다. 사탕수수 노동이민자에서 하와이 최대 이민 커뮤니티로, 적대국 국민에서 다시 하와이 정치경제를 이끄는 지도층으로, 수세대를 지나며 그들만의 하와이 역사를 만들어왔다. 1880년대 하와이왕국의 존속이 위태로웠던 시기에 칼라카우아왕은 미래 하와이와 일본의 관계를 예상했던 것일까. 만약 칼라카우아왕이 일본 방문 시 요청했던 카이울라니 공주와 요리히토 친왕의 혼인이 성사되었다면, 이후 양국의 관계는 어떻게 진행되었을까. 하와이가 미국령(1898)으로 편입되고 일본이 진주만을 공습(1941)하고 일본계 이민 2세 다니엘 이노우에가 미군으로 참전한 '일본인 하와이 이야기'는 어떻게 바뀌었을까. 태평양의 역사는 어떻게 전개되었을까.

_____ *24.9.20.*

차이나타운과 중화민국의 아버지
손문(孫文)
중국인과 하와이 이야기

물론 하와이에는 일본인이 많이 산다. 현지 일본계의 정치경제적 영향
력은 절대적이고 하와이는 일본 여행객들이 가장 많이 찾는 관광지이다.
하지만 하와이에 먼저 도착한 아시아 사람은 중국인이었다. 중국인 사탕수
수 노동이민은 일본인보다 30여 년 먼저 시작되었다. 호놀룰루 차이나타운
은 미국에서 가장 오래되고 역사가 깊은 차이나타운이다. 차이나타운 딤섬
은 이곳 사람들이 가장 많이 찾는 점심 메뉴이다. 하와이에 거주하는 아시
아계 혼혈 중 많은 사람이 스스로 중국인 조상의 피가 섞여 있다고 말한다.
신해혁명과 삼민주의로 잘 알려진 중화민국 초대 임시대총통 손문(孫文,
쑨원, 손중산, Sun Yat-sen)은 13살이던 1879년부터 1883년까지 하와이에
서 유학했다. 이처럼 중국인 하와이 이야기는 일본 못지않게 다채롭다.

영국인 제임스 쿡 선장이 처음 카우아이섬을 방문했던 1778년, 그의 선
원 중 몇몇은 중국인이었다고 알려져 있다. 하와이를 방문한 초기 유럽과
미국 상선들은 아시아 지역(마카오 등)에서 중국 선원들을 고용한 것으로
보인다. 이미 1780년대부터 소수의 중국인이 하와이제도에 정착한 것이다.
카메하메하 대왕이 세운 하와이왕국은 18세기 말부터 19세기 중반까지 하
와이산 단향목(sandalwood)을 중국에 수출했다. 당시 중국 광둥성 사람들
은 하와이를 '단향산(檀香山)'이라고 불렀다. 아직도 우리 총영사관 옆에 있

는 대만대표부는 '주단향산태북경제문화변사처(駐檀香山台北經濟文化辦事處)'라는 간판을 달고 있다.

1852년 중국인 사탕수수 노동이민이 시작되었고 1899년까지 약 5만 명의 중국인 노동자가 하와이에 도착했다. 그중 절반 가까이는 중국으로 돌아갔다. 이민자 대부분은 중국 남동부지역 광둥성과 푸젠성 출신 남성들이었다. 1882년 미국 내 중국인 이민을 제한하는 '중국인 배척법(The Chinese Exclusion Act)'이 제정되고 중국인 이민은 급격히 줄게 된다. 하지만 1884년 기준 하와이 중국인 인구는 2만여 명, 당시 하와이 전체 인구의 25%에 가까운 숫자였다.

이후 중국인 사탕수수 노동이민의 빈자리는 이후 포르투갈(1878), 일본(1885), 한국(1903), 필리핀(1906) 노동자들이 채우게 된다. 5년 계약을 마치고 농장을 떠난 중국인들은 호놀룰루항 인근에 거주지를 형성하고 상인으로 개인사업을 시작한다. 1850년대부터 시작된 호놀룰루 차이나타운은 미국에서 가장 먼저 생긴 차이나타운 중 하나이다. 당시 봄과 가을마다 포경선이 도착하는 호놀룰루항은 오아후섬에서 가장 붐비는 지역이었다. 1880년대에 이르면 하와이 중국인 대부분이 차이나타운에 거주하게 된다. 이후 호놀룰루 차이나타운은 중국인뿐만 아니라 일본과 포르투갈, 필리핀과 한국인 이민자들이 함께 사는 대표적인 다민족 다문화 지역으로 발전한다.

19세기 말 차이나타운에서 두 번의 큰 화재가 발생한다. 1886년 발생한 화재로 인해 차이나타운 60에이커(약 74,000평) 대부분이 전소되었다. 당시 화재를 피한 건물은 두세 채밖에 되지 않았다. 화재로 인해 8,000여 명의 주민들이 거주지를 잃었으나, 그들은 빠르게 차이나타운을 복구했다. 두 번째 화재는 1900년도였

▌화재 이전 차이나타운 모습
출처: aai.org

다, 그해 차이나타운에서 하와이 최초의 흑사병 환자가 발생한다. 1886년 화재 이후 졸속으로 무분별하게 주거지가 형성되면서 전반적으로 비위생적인 환경이 조성되었다. 직접적인 원인은 인근 호놀룰루항에 입항한 외국 선박에서 상륙한 쥐들이 가져온 병균 때문이었다. 하와이 정부는 차이나타운 주민들을 이주시키고 지역을 폐쇄했다. 그때 환자가 발생한 건물들을 소각하기 위해 낸 불이 의도하지 않게 차이나타운 전체로 확대되면서 대다수 건물이 또다시 소실된다. 1900년 화재 이후 많은 중국인이 차이나타운을 떠나 교외로 이주했다고 한다. 현재 차이나타운에 있는 건물들은 대부분 1900년도 화재 이후 지어진 건물들이다.

차이나타운 초입(23.3.29.)

차이나타운 방문은 언제나 즐겁다. 맛집들로 가득하기 때문이다. 당연히 중국식당을 비롯한 아시아 음식점들이 많다. 호놀룰루 시내에 근무하는 사람들은 딤섬은 물론이고 베트남 쌀국수, 태국 파타이, 한국 갈비를 파는 단골식당 한두 곳은 가지고 있다. 참고로 나의 단골은 '메이섬딤섬(美心點心)'이었다. 물론 이탈리아, 그리스, 아이리시 등 유럽 레스토랑도 빼놓을 수 없다. 호놀룰루항구 인근 절친들과 종종 찾았던 아이리시 펍 '머피스'가 있다. 붉은벽돌로 된 오래된 단층건물이다. 아일랜드를 상징하는 녹색 바탕에 흰색 글씨로 '머피스 바 앤 그릴(Murphy's Bar and Grill)'이라고 쓰여 있다. 아일랜드 음식과 함께 기네스 맥주와 제임슨 위스키를 맛볼 수 있는 곳이다. 1890년 지어질 당시에는 '로열 호텔'이라는 이름을 가지고 있었고 칼라카우아왕도 종종 방문했다고 한다. 1900년 화재에서 살아남은 몇 안 되는 벽돌 건물 중 하나이다. 이처럼 차이나타운은 호놀룰루의 역사를 품고 있고 지금도 다양한 볼거리와 맛집을 제공한다. 하지만 밤거리는 위험하다.

▌차이나타운 머피스 바 앤 그릴

하와이 일본계를 대표하는 인물이 이노우에라면, 하와이 중국인을 대표하는 인물은 누구일까? 하와이에서 어린 시절 유학 생활을 한 중국의 국부 '손문(孫文, 쑨원, 1866~1925)'이 있다. 그는 1911년 중국의 신해혁명을 주도하고 민족, 민권, 민생의 삼민주의를 주창했다. 1912년 초대 중화민국 임시대총통으로 취임했다. 중국에서는 일본식 가명 나카야마(中山)에서 유래한 '손중산(孫中山, Sūn Zhōngshān)'으로 경칭한다. 영미권에서는 호 이센(逸仙, 일선)의 광둥어식 발음 얏센(Yat-sen)을 써 '쑨얏센(Sun Yat-sen)'으로 부른다. 현재 광둥성 중산시는 그의 호를 딴 지명이다. 그는 중국과 대만이 모두 인정하는 국부이며 그의 이름과 신해혁명, 삼민주의는 양쪽의 헌법 전문에도 명시되어 있다. 새로 뽑힌 대만 총통은 그의 사진 앞에서 취임 선서를 한다. 중국 광저우시와 대만 가오슝시에는 그의 이름을 딴 대학이 있다. 그는 중국 지도자 중 대한민국 임시정부를 처음으로 승인하여, 1968년에 우리 정부로부터 건국훈장 대한민국장을 받았다.

1871년 광둥성(廣東省) 샹산현(香山縣) 출신 쑨원의 형 '쑨메이(孫眉, 손미)'가 하와이에 도착한다. 아마도 사탕수수 노동이민이었을 것이다. 그는 농부로 시작하여 상인 그리고 목장주로 오이후 섬과 미우이 섬에서 성공한 화교 자본가가 된다. 1879년 쑨메이의 초청으로 주강(珠江) 하구 홍콩 인근 농촌 마을에 살던 열세 살 쑨원이 하와이로 유학을 온다. 쑨원은 1879년에서 1882년까지 당시 누우아누 지역에 있었던 영국 남학생 사립학교 '이올라니 칼리지'를 다닌다. 이올라니 학교는 1862년에 카메하메하 4세와 부인 엠마 왕비가 영국성공회의 도움을 받아 설립한 학교이다. 처음 이올라니에 입학할 때 쑨원은 영어를 한마디도 하지 못했다고 한다. 3년 뒤 그는 영어문법 2등 성적으로 칼라카우아왕이 주는 상을 받고 졸업한다. 이올라니 재학 중 그는 매주 영국성공회 세인트 앤드루 성당에 다녔고 기독교에 입문한다. 이올라니를 졸업한 쑨원은 오아후 칼리지(현 푸나호우 학교)에 진학하여 6개월을 다니다가 중국으로 복귀한다. 역사 깊은 하와이 양대 명문 사립고 이올라니와 푸나호우를 둘 다 다니고 후에 중화민국 초대 임시총통이 된 쑨원은 하와이 중국사회의 최고 자랑이다. 많은 이들이 쑨원이 제창한 삼민주의(三民主義)의 기반이 하와이 유학 생활을 통해 형성되었다고 본다. 아직도 하와이에서는 이올라니 출신 쑨원과 푸나호우 출신 버락 오바마 대통령의 이름이 나란히 거론되곤 한다.

하와이에서 돌아온 쑨원은 홍콩으로 가서 영국계 의과대학(1884~1892)을 마치고 마카오에서 외과 개업의로 활동한다. 쑨원은 이후 1910년까지 하와이를 다섯 번(1884, 1894, 1896, 1903, 1910) 더 방문했다. 매번 3개월에서 6개월간 머물렀다고 한다. 1894년 청일전쟁이 일어나던 해 그는 하와이에서 중국 최초의 근대적 정치단체인 '흥중회(興中會, Revive China Soceity)'를 조직한다. 흥중회는 중국 국민당의 전신으로 만주족 축출과 중화회복, 연합정부 건설을 강령으로 세웠다. 그의 형 쑨메이도 전 재산을 기부했다고 한다. 1910년 방문 시에는 '동맹회(同盟會, United League)' 호놀룰루 지부를 창설한다. '중국혁명동맹회'는 쑨원이 1905년 일본 동경에서 조직한 비밀결사단체였다. 동맹회가 쑨원의 권고에 따라 1911년 현지에 설립한 중국어학교는 1928년부터 2000년까지 중산학교라는 이름으로 운영되었다. 당시 하와이 중국 사회는 쑨원의 가장 적극적인 지지세력이고 해외 본거지였다. 쑨원은 1912년 중국 역사상 최초로 봉건적 군주제를 폐지한 중화민국 초대 임시대총통이 되었다. 이후 호법정부(護法政府)에 참여하였고 1919년에는 중국국민당 결성, 1923년에는 1차 국공합작을 주도한다. 일본에서 10여 년 망명한 그는 서구열강 침략에 중국과 일본 중심의 아시아연합으로 대항하자는 '대아시아주의'를 주창하기도 했다. 그는 1925년 59세의 나이로 북경에서 사망한다. 그를 이어 장개석(蔣介石, 장제스)이 국민당을 이끈다. 중국의 남경(南京, 난징)시에는 쑨원을 안장한 중산릉이 있다.

호놀룰루 곳곳에 쑨원의 동상이 세워져 있다. 중국과 대만을 제외하고는 제일 많을 것이다. 그를 잘 모르는 하와이 사람들에게도 쑨원 동상은 익숙할 것이다. 차이나타운에만 2개의 동상이 세워져 있다. 하나는 차이나타운 손중산 기념공원에 있는 동상이다. 2007년 쑨원 탄생 140주년과 호놀룰루시-중산시 자매결연 10주년을 기념해 손중산 박사 하와이재단에서 기증했다. 이올라니 학교에 입학한 13세 쑨원의 모습이다.

다른 하나는 쑨원의 1894년 흥중회 조직 90주년을 기념하여 1984년에 대만 가오슝시에서 기증한 동상이다. 28세 쑨원이 '흥중회' 강령을 손에 들고 읽는 모습의 동상이다. 그가 하와이에서 설립한 흥중회는 후에 동맹회로 합쳐지고 이후 국민당의 전신이 된다. 차이나타운을 걷는 사람들이 그냥 지나치기 어려운 동상이다. 내가 근무하던 총영사관 이웃 대만경제문화대표부(Taiwan Economic & Cultural Office)에도 그의 동상이 세워져 있다. 2015년에 건립되었다. 서양식 양복을 입고 코트와 지팡이를 들고 있다. 40대 영국과 미국을 오가면서 혁명운동 해외자금을 모금하던 외교관 쑨원의 모습이다. 그 외에도

▌ 차이나타운 거리 흥중회 기념 손중산 동상
출처: sunyatsenhawaii.org

이올라니 학교, 중산 중국어학교, 호놀룰루공항 중국 정원 그리고 미우이섬 쿨라 농장에도 그의 동상이 있다. 쿨라 농장에는 마우이의 왕으로 불리던 그의 형 쑨메이 동상도 함께 있다. 하와이 곳곳에 숨겨져 있는 쑨원 동상들을 찾아보는 재미가 쏠쏠하다.

한국인으로 하와이에 살면서 중국인 이민사와 차이나타운, 쑨원의 이야기는 피상적으로는 접하지만 깊이 있게 알기는 쉽지 않은 주제이다. 바쁜 일상은 주변을 주의 깊게 살피지 못하는 우리에게 좋은 핑계가 된다. 하지만 조금만 관심을 기울이면 무심코 지나쳤던 주변이 품고 있는 흥미진진한 이야기를 발견하게 된다. 하와이를 떠난 지금 이 글을 통해 나의 기억 속 무심코 스쳤던 일상의 주변들을 끄집어낸다. 무지했던 과거를 질책하면서 이제는 일상적이지 않을 재회를 기대하게 된다.

중국인 이민사를 살펴보며 한국인 이민사를 다시 생각하게 되었다. 시기와 기간은 겹치지 않으나 쑨원의 이야기와 이승만의 이야기는 서로 맞닿아 있다. 태평양의 지리적 중앙에 위치하고 동양과 서양의 근대사가 접목되는 이곳 하와이만이 줄 수 있는 매력이다. 다시 하와이를 방문하게 된다면 차이나타운 머피스에서 제임슨 위스키 한잔을 들고 나의 대만 친구 '잭' 에게 최근에 공부한 쑨원에 대한 알량한 지식을 자랑하리라.

_____ *24.9.18.*

에필로그_무지개 나라의 유산
떠남의 아쉬움과 다시 만남의 설렘

2024년 8월, 어느덧 3년이 흘러 하와이무관 임무를 마치고 귀국행 비행기를 타기 위해 아내와 함께 호놀룰루 공항으로 향한다. 한국에서 방문하는 출장단 안내를 위해 레이(생화 꽃목걸이)를 사 들고 수도 없이 찾았던 공항인데, 이제는 내가 하와이와 작별하는 아쉬운 공간이다. 오늘 하와이의 하늘은 더 푸르고 바다는 더 맑다. 언제나처럼 나무들은 잎으로 무성하고 플루메리아 향은 더 짙다. 출장과 여행 후 호놀룰루 공항에 도착했을 때 이곳이 내 집이라는 생각에 얼마나 포근하고 감사했던가. 짧지 않았던 지난 3년이 이제는 너무 짧게만 느껴지며, 언젠가 다시 오리라는 어설픈 다짐으로 아쉬움을 달랜다. 하와이는 나에게 특별한 공간이었고 경험이었다.

내게는 세 가지 정체성이 있다. 한국인, 해군장교 그리고 국제정치학도이다. 하와이 생활은 내 정체성의 색깔을 더욱 진하고 향기롭게 만들어주었다.

먼저 한국인의 정체성이다. 인기 드라마였던 미스터 선샤인이 보여주듯 미국이 우리 근현대사에 미친 영향은 적지 않다. 특히 조선 말기와 일제강점기 그리고 대한민국 건국역사에서 하와이는 우리와 특별한 인연을 맺어 왔다. 정체성은 나와 남의 관계 속에서 더 분명하게 드러난다. 조선 말기 한인들의 하와이 첫 이주 목적은 사탕수수 노동자로 생계를 위해서였으나, 그 결과는 개인에만 머무르지 않았다. 배를 타고 조선반도를 떠나 낯선 이

국땅에 정착하고 해외이주지로서 힘겨운 이민 노동자의 삶을 살면서, 그들의 생존 범위는 개인과 가족에서 민족과 국가로 확장되었다. 그들은 조국 독립의 가장 열정적인 후원자가 되었다. 미국에서 공부를 마친 청년 이승만이 1913년 하와이에 와서 26년을 보낸 것은 결코 우연이 아니다. 나라를 빼앗기고 민족이 일제 치하에서 고통받고 있을 때, 한국인의 정체성을 유지하고 회복하기 위해 헌신했던 사람들이 바로 하와이 한인 1세대와 그 자녀들이었다.

하와이에는 이들의 흔적이 곳곳에 남겨져 있다. 관광객으로 와이키키만 찾는 사람들에게는 보이지 않는다. 노스쇼어 푸우키이 묘지와 누우아누 오아후 공동묘지에는 당시 독립지사들과 그 동지, 가족들의 묘비가 있다. 1903년에 세워진 해외 최초의 한인교회도, 1918년 이승만이 세운 최초의 무교파 민족교회도 하와이에 있다. 다운타운에 아내와 자주 방문하던 한국 식당 '오킴스(O'Kims)'는 1907년 창립된 합성협회 회관 터로 식당 벽면에 관련 내용을 설명하는 국가보훈부 동판이 걸려 있다. 합성협회는 하와이 24개 한인 단체 대표 30여 명이 만든 독립운동 단체였다. 식당 안쪽으로 들어가 보면 120여 년 전 사용했던 수동식 승강기가 아직도 남아있다. 이처럼 하와이는 한국인의 정체성과 관련된 역사를 곳곳에 품고 있는 곳이다. 이들과 만날 때마다 나의 정체성이 더 분명해지고 새로워짐을 느낀다.

또한, 해군의 정체성이다. 하와이는 한반도 외 지역에서 우리 대한민국 해군과 가장 밀접한 관계를 만들어온 곳이다. 우리 해군 최초의 전투함 백두산함(PC-701)은 뉴욕에서 출항하여 1950년 3월 하와이를 거쳐 한국으로 갔다. 해군을 창설한 손원일 제독은 1950년 6월 25일 새벽 북한의 남침 순간에 군함 인수를 위해 하와이에 머물고 계셨다. 1954년 해사 9기생부터 우리 해군 사관생도를 실은 순항훈련전단 함정은 진주만을 마흔 번 넘게 방문했다. 1990년부터 우리 해군함정은 격년제로 하와이 림팩훈련에 빠짐없이 참가해 왔다. 미 해군 퇴역함정을 무상인도 받아 사용했던 군사원조 시대부터 우리 스스로 군함을 건조하고 전 세계에 수출하는 현재까지, 하와이는 대한민국 해군의 발전상과 함께해 왔다. 사관생도와 장교 시절 동안 하와이에 한 번이라도 와보지 못한 해군장교를 찾기 어렵다. 하와이를 방문했던 많은 선배님은 하와이에서 경험한 선진해군의 모습을 우리 해군에 담기 위해 노력해 왔다. 그런 하와이에서 지난 3년간 무관으로 근무하며 우리 해군과 하와이의 연계성 강화에 힘을 보탤 수 있어 감사하다.

진주만은 지난 80여년 동안 세계 최강 함대인 미 태평양함대사령부의 모항이다. 유럽에서 시작된 2차 세계대전을 태평양으로 옮겨와 진정한 세계대전으로 만든 사건이 바로 1941년 12월 일본의 진주만 공습이었다. 진주만에서 출항한 니미츠 제독의 태평양함대 군함들은 태평양전역에서 야마모토 이소로쿠 제독의 일본제국 연합함대와 해전을 치렀다. 냉전 기간 내내 소련 태평양함대 봉쇄를 위해 전략대잠전을 수행한 것도, 현재 미중 간 전략경쟁의 선봉에서 대중국 억제를 담당하고 있는 것도 진주만에 근거지를 둔 태평양함대사 전력들이다. 진주만을 경험하며 해군력이 어떻게 국가전략의 중요한 일부분을 담당하는지 배웠다. 그리고 인도태평양 시대에 우리 해군이 국가안보와 국가발전을 위해 어떤 역할을 할 것인지 고민할 수 있었다. 태평양함대사령관 파파로 제독의 리더십을 통해 해군장교의 삶과 자세에 대해 생각할 수 있었다. 한반도와 한국해군을 떠나 태평양의 관점에서 우리 해군과 나 자신을 조금 더 균형 잡힌 시각으로 점검할 수 있었다.

마지막으로 국제정치학도의 정체성이다. 국제정치는 전쟁과 밀접한 관계가 있다. 서구의 근대국가 개념을 만든 것은 '30년 전쟁'의 결과였던 1648년 베스트팔렌 조약이다. 19세기 서구외교사의 시작인 1815년 비엔나 체제는 나폴레옹 전쟁 이후 유럽질서를 만들기 위한 노력이었다. "모든 전쟁을 끝낼 전쟁(the war to end all wars)"이라던 1차 세계대전(1914~1918)의 원인을 탐구하는 과정은 성배를 찾는 것과 비교되는 국제정치학의 화두였다. 1, 2차 세계대전 사이 시기를 분석한 카(E. H. Carr)의 『20년간의 위기』(1939)는 국제관계학의 필수 입문서이다. 1941년 일본의 진주만 공습으로 시작된 태평양 전쟁은 현대 국제정치사에 가장 큰 영향력을 미친 사건이다. 이로 인해 미국이 2차 세계대전에 참가하게 되었고 그 전쟁 결과는 지금의 국제질서를 형성하는 근간이 되었다.

하와이만큼 과거, 현재, 미래를 통틀어 다양한 수준의 국제정치적 화두를 던지는 곳은 드물 것이다. 특히 군사사(史)와 군사전략에 관심이 있는 나에게는 더욱 그러하다. 1945년 9월 일본의 항복문서가 서명된 미주리함과 1941년 12월 진주만 공습 날 침몰한 애리조나함 기념관은 수십 번을 찾아도 지겹지 않다. 펀치볼 국립묘지에 잠들어 있는 참전용사 개인의 삶은 역사적 배경과 함께 그 시대 이야기들에 생동감을 실어준다. 2차 세계대전 당시 서태평양을 놓고 미국과 일본이 벌였던 한판 승부는 내가 사는 이 시대까지 재현되고 있다. 현재 태평양에서 마주하는 중국의 팽창적 군사전략과 미국의 봉쇄적 군사전략은 80년 전과 놀랄 만큼 흡사하다. 전장과 전략은 크게 바뀌지 않았다. 무기체계가 현대화되었을 뿐이다.

하와이 인도태평양사령부는 미국의 국가안보전략인 인태전략을 실행하는 통합전투사령부이다. 미국은 인태전략을 만들면서 제일 먼저 태평양사령부의 이름을 '인도태평양사령부'로 변경했다. 지구표면 52%를 차지한다는 인태사 작전구역에는 40여 개의 국가들이 있다. 미국을 위협하는 중국과 러시아, 북한이 모두 이 지역에 위치한다. 현 인태사령관 파파로 제독의 모토는 '우세(Prevail)'이다. 인태지역의 평화와 안정을 지키고 적대국이 분쟁을 유발하지 않도록 선제적으로 억제하는 것이 인태사의 목표이다. 이처럼 하와이는 국제정치학도가 공부할 수 있는 다양한 소재들과 매일매일 만나게 되는 멋진 학문의 현장이다. 3년 동안 나는 그동안 배운 국제정치 이론들과 인도태평양의 주요 현상 간 연계성을 찾는 데 분주했다.

태평양의 바다 한가운데 섬 하와이의 자연은 산, 바다, 파도, 해변, 하늘, 구름, 바람, 별 모든 분야에서 세계 어느 곳과 비교해도 뒤지지 않는다. 마우이섬 할레아칼라(3,055m)나 빅아일랜드 마우나케아(4,207m)는 일반 지상 세계와는 다른 이색적인 자연환경을 보여준다. 오아후섬의 해변들은 같은 모습이 하나도 없으며, 산과 계곡과 절벽을 넘나드는 절경의 트래킹 코스가 수도 없이 많다. 하와이 자연은 계절별로 시간대별로 다른 경험을 선사한다. 나에게 가장 기억에 남는 하와이의 자연은 무지개이다. 출퇴근길, 산책길, 등산길 모든 곳에서 셀 수 없이 자주 만났다. 하와이 무지개는 그 시작되는 곳과 끝나는 곳이 명확하게 보인다. 간혹 도로에서 옆 동네에서 산기슭에서 또는 바다 위에서 시작되고 끝나는 무지개를 만난다. 마치 그곳에 가면 내 손으로 잡을 수 있을 것 같다. 하지만 막상 그 자리에 도착하면 무지개는 오간 데 없거나, 다른 곳에 옮겨져 있다. 비가 뿌리는 날이면 고속도로를 운전하다가 몇 차례씩 서로 다른 굵기와 크기, 선명도의 무지개를 만나게 된다. 운전 중 도로에 나타난 무지개 사진 찍다가 사고 낼 뻔한 적도 많았다.

┃ 어느 날 출근길에 만난 무지개(23.11.28.)

무지개 나라 하와이는 나에게 위대한 유산을 남겨주었다. 지난 3년 동안 한국인으로 해군장교로 국제정치학도로 나는 하와이의 매력에 깊이 빠져들었다. 그동안 잘 몰랐던 나의 모습을 선명한 무지개처럼 더 분명하게 보여주었다. 하와이는 다양한 무지개 색깔처럼 서로 다른 인종과 문화와 삶의 경험을 가진 사람들이 조화롭게 살아가는 곳이다. 이제 이곳의 알로하 정신이 나에게도 조금은 스며든 것 같다. 서운하지만 슬프지 않고 아쉽지만 후회스럽지 않은 지난 시간을 뒤로하며, 언젠가 다시 만날 그날의 무지개를 가슴에 담는다.

_____ *24.8.11.*

▌ 총영사관 앞에서 하와이 무관부 직원들과 함께(23.7.7.)

김세원, 군인으로 외교관으로 체육인으로, 김세원 회상록, 기파랑, 2010

김용구, 세계외교사, 서울대학교출판부, 2006

박길성, 한산도함 오디세이 태평양항해, 나남, 2024

브레이턴 해리스 지음, 김홍래 옮김, 별들을 이끈 최고의 리더 니미츠, 플래닛미디어, 2012

신찬재 엮음, 알로하 하와이 120년을 걷다, 하와이 한인이민 사적지 since 1903, 그리스도연합감리교회, 2022

오제신, 그 섬에서, 북랩, 2015

오제신, 조용한 용기, 삶의 긴장과 고단함으로부터의 자유, 홍림, 2008

오진근, 임성채 공저, 손원일 제독 상, 하, 가슴 넓은 사나이의 해군사랑 이야기, KIMS, 2006

이금이, 알로하, 나의 엄마들, 창비, 2021

이덕희, 이승만의 하와이 30년, 북앤피플, 2015

이덕희, 하와이 다문화에 한인 이민자들도 기여했을까?: 하와이 한인 이민사의 경험과 교훈, 1903~1959, 아시아리뷰 제4권 제1호(통권 7호), 2014: 73-93

이중근, 6·25 전쟁 1129일, 우정문고, 2014

정호섭, 미·중 패권경쟁과 해군력, 박영사, 2021

지정희, 추근추근 하시지라, 우이도 주민들, 그들만의 힐링스타일, 홍림, 2014

진주현, 인류학 박사 진주현의 뼈가 들려준 이야기, 푸른숲, 2015

진주현, 발굴하는 직업, 마음산책, 2024

한우성, 아름다운 영웅 김영옥, 북스토리, 2005

해군본부, 6·25 전쟁과 한국해군작전, 해군역사기록관리단, 2010

Chang, Roberta with Wayne Patterson, The Koreans in Hawaii, A Pictorial History 1903-2003, University of Hawaii Press, 2003

Langcaon, Jeff, My Grandpa's Battleship Missouri Tour, Mutual Pub Co, 2007

김영옥 http://kimyoungoak.com/default/

대한민국 외교부 https://www.mofa.go.kr/www/main.do

마리아나합동지역사 역사 https://jrm.cnic.navy.mil/About/History/

미 25사단 역사 https://home.army.mil/hawaii/5215/4941/3783/25th_ID_History.pdf

미 국방부 유해 발굴감식단 https://www.dpaa.mil/

미 인도태평양사령부 역사 https://www.pacom.mil/About-USINDOPACOM/History/

미주리함 박물관 https://ussmissouri.org/

미 카네오헤 해병기지 역사 https://www.mcbhawaii.marines.mil/Units/Subordinate-
Commands/Marine-Corps-Air-Station/About/History/

미 태평양공군사령부 역사 https://www.pacaf.af.mil/Info/History-of-PACAF/

미 태평양육군사령부 역사 https://www.usarpac.army.mil/Our-Story/Our-History/

미 태평양함대사령부 역사 https://www.cpf.navy.mil/About-Us/Command-History/

미 태평양해병대사령부 역사 https://www.marforpac.marines.mil/About/History/

미 해군 역사유산 사령부 https://www.history.navy.mil/

손문 하와이 기록 https://sunyatsenhawaii.org/

진주만 해군기지 역사 https://www.history.navy.mil/browse-by-topic/organization-
and-administration/installations/naval-station-pearl-harbor.html

펀치볼 국립묘지 https://www.cem.va.gov/CEM/cems/nchp/nmcp.asp

하와이왕국 역사 https://www.hawaiiankingdom.org/political-history.shtml

하와이 육군박물관 https://hiarmymuseumsoc.org/

하와이 한인 이민사 https://brunch.co.kr/magazine/iminsa

히컴 공군기지 역사 https://www.15wing.af.mil/About-Us/Fact-Sheets/Display/
Article/376269/history-of-hickam-field-joint-base-pearl-harbor-hickam-hawaii/

저자 소개

오순근 대령

1997년 해군소위로 임관하여, 함정병과 장교로 해군에 근무해 왔다. 해군사관학교와 국방대학교, 미국 해군대학원과 사우스캐롤라이나 대학교에서 국제정치를 공부했다. 1996년 사관생도 4학년, 1997년 소위, 그리고 2017년 중령 시절 해군 순항훈련 일원으로 전 세계 30여 개국을 방문했다. 1997년 순항훈련 때 처음 하와이를 방문했고 2021년부터 2024년까지 주호놀룰루 대한민국 총영사관에서 하와이 국방무관으로 근무했다. 무관 재직기간 중에 우리 해군 순항훈련전단이 세 번, 림팩전단이 두 번 하와이 진주만에 기항했다. 공저한 저서로는 『21세기 동북아 해양전략』(2015), 『21세기 해양안보와 국제관계』(2017), 『미중 패권경쟁 시기 동북아 해양전략』(2023)이 있다.

포와(布哇)에서 태평양을 걷다

초판발행	2025년 4월 1일
지은이	오순근
펴낸이	안종만·안상준
편 집	이혜미
기획/마케팅	최동인
표지디자인	BEN STORY
제 작	고철민·김원표
펴낸곳	(주) **박영사**
	서울특별시 금천구 가산디지털2로 53, 210호(가산동, 한라시그마밸리)
	등록 1959.3.11. 제300-1959-1호(倫)
전 화	02)733-6771
f a x	02)736-4818
e-mail	pys@pybook.co.kr
homepage	www.pybook.co.kr
ISBN	979-11-303-2226-1 03300

정 가	17,000원